KB215143

손바닥 메시지 _ **시편**

한 날의 탄식,
천 년의 기도

messenger **김근주** 교수
photographer **헝그리아이**

날이다
프로젝트

일러두기

01_   이 책은 새번역 성경을 사용했으며,

메시지는 봄이다 프로젝트가 펴낸 교양인을 위한

성경 시리즈 〈마음의 끝에서 부르는 새 노래〉(시편)에 실린

해제의 일부를 발췌, 편집해 실었습니다.

02_   김근주 교수는 기독연구원 느헤미야 연구위원으로,

봄이다 프로젝트의 교양인을 위한 성경 시리즈 중

구약성경의 해제를 집필했습니다.

03_   이 책에 실린 메시지와 사진은 저작권법의 보호를 받습니다.

서면 허락 없는 무단 전재와 복제를 금합니다.

시편

Psalms

기도는
네가 누구인지,
네 인생에서 해야 할 일이 무엇인지
네 자신에게 들려주는 행위다.

_톨스토이

복 있는 사람은 악인의 꾀를 따르지 아니하며,
죄인의 길에 서지 아니하며,
오만한 자의 자리에 앉지 아니하며,
오로지 주님의 율법을 즐거워하며,
밤낮으로 율법을 묵상하는 사람이다.

_ 1:1-2

어떤 사람이 복 있는 사람인가라는 처음 문장은 시편 1편이 기록된 시기, 그리고 지금과 같은 모양의 시편집이 만들어진 시기, 실제로는 무척 곤고하고 괴롭던 공동체를 반영합니다. 옳고 그름을 다 내버리고도 오히려 번성하는 세태를 보며, 참된 복은 하나님의 율법을 묵상하는 삶임을 고백하고 선포합니다. 그래서 이 의인은 행실이 완전히 올바른 사람이라기보다 하나님과 그분의 말씀을 신뢰하고 묵상하며 붙잡은 사람일 것이고, 그 반대편에 있는 악인은 현실 앞에서 하나님의 말씀을 포기하고 내팽개친 사람이라 할 수 있습니다. 1편은 공동체와 독자를 복 있는 삶으로 초대합니다.

내가 누워 곤하게 잠들어도
또다시 깨어나게 되는 것은,
주님께서 나를 붙들어주시기 때문입니다.
나를 대적하여 사방에 진을 친 자들이
천만 대군이라 하여도,
나는 두려워하지 않으렵니다.

_ 3:5-6

주님,
새벽에 드리는 나의 기도를 들어주십시오.
새벽에 내가 주님께 나의 사정을 아뢰고
주님의 뜻을 기다리겠습니다.

＿5:3

시편에서 엿볼 수 있는 현실은 하나님을 경외하지 않으면서 거짓말과 불의와 악을 행하는 이들이 힘과 권세, 부를 지니고, 그렇지 않은 이들을 비웃고 조롱하며 억압합니다. 많은 사람들이 그들의 위세 앞에 굴복하고 거기에 맞춰 살아가지만, 시편 기자는 오직 하나님을 경외하며 불의를 행하지 않으려고 애를 씁니다. 주류를 형성한 대다수의 사람과 주님에 대한 신앙으로 악에서 떠난 소수의 비주류 신앙인이 시편에서 일관되게 그려집니다. 그래서 시편 기자의 삶은 가난하고 힘겨우며 곤고합니다. 참으로 그의 도움은 하나님 외에는 없습니다.

그러나 주님께로 피신하는 사람은
누구나 기뻐하고,
길이길이 즐거워할 것입니다.
주님을 사랑하는 사람들이
주님 앞에서 기쁨을 누리도록,
주님께서 그들을
지켜주실 것입니다.
_ 5:11

다윗은 구약 시대의 특별하고 위대한 왕으로 칭송받지만, 정작 다윗의 이름이 부착된 시들을 보면 주인공이 임금이라는 생각이 드는 것은 거의 없습니다. 오히려 꽤 많은 시에서 다윗의 힘겹고 괴로웠던 날들을 첫머리에 표기해둡니다(예, 시편 3편). 그래서 시편에서 언급되는 다윗은 임금 다윗이 아니라, 곤고하고 괴로우며 힘겨운 삶의 순간에도 하나님을 경외하며 걸어갔던 신앙인 다윗을 상징한다는 것을 깨닫게 됩니다. 시편의 다윗은 하나님 말고는 달리 의지할 곳이 없는 가난한 자를 가리킵니다. 그렇기에 시편에 표현된 다윗의 고백은 하나님을 신뢰했던 가난하고 힘없는 모든 이의 고백이며, 그 고백에서 드러나는 하나님은 자신을 찾는 이에게 사랑과 은혜를 베푸시는 보편적인 하나님이십니다.

주님, 분노하며 나를 책망하지 마십시오.

진노하며 나를 꾸짖지 마십시오.

주님, 내 기력이 쇠하였으니,

내게 은혜를 베풀어주십시오.

내 뼈가 마디마다 떨립니다.

주님, 나를 고쳐주십시오.

_ 6:1-2

악한 자의 악행을 뿌리 뽑아주시고
의인은 굳게 세워주십시오.
주님은 의로우신 하나님,
사람의 마음속 생각을
낱낱이 살피시는 분이십니다.

_ 7:9

힘이 없고 가난한 이들은 종종 자신들이 못나고 부족해서, 혹은 뭔가 잘못한 게 있어서 자신의 삶이 이처럼 초라하다고 말하곤 합니다. 세상의 분위기 역시 그런 이들이 무능하고 부족하기 때문에 경쟁에서 뒤쳐진 것이라 평가합니다. 그러나 시편 기자는 그 곤고하고 괴로운 삶 속에서도 못난 자신을 탓하거나 열등감 속에 살지 않습니다. 도리어 그는 힘과 권세를 휘둘러 다른 이를 억압하고 핍박하는 세력을 강력하게 규탄하고 하나님 앞에 고발합니다. 자신을 살피면서 동시에 세상의 악을 규탄하는 것입니다. 시인이 이처럼 아뢸 수 있는 까닭은 그가 하나님이 어떤 분이신지 알고 신뢰하기 때문일 겁니다.

하나님은 나를 지키시는 방패시요,
마음이 올바른 사람에게 승리를 안겨주시는 분이시다.
하나님은 공정한 재판장이시요,
언제라도 악인을 벌하는 분이시다.
_ 7:10-11

○

정말 우리 사는 세상은 하나님께서 살아계셔서 심판을 행하신다고는
도무지 믿기 어려운 꼴입니다. 그 속에서 시인과 같이 하나님께서 행하
시기를 구하는 기도는 세상에 가득한 악에도 불구하고 그 악에 굴복하
지 않겠다는 외침, "세상은 다 그런 거야"라며 그 악에 영합하는 일은 하
지 않겠다는 부르짖음이라고 할 수 있습니다. 이렇게 하나님을 신뢰하
며 부르짖을 때, 하나님의 도우심과 악에 대한 심판을 때로 경험하기도
하지만, 그렇지 못할 때도 많습니다. 이 땅에서의 삶은 그러한 몇몇 도
우심의 경험을 통해, 하나님의 성품과 행하심을 끝까지 신뢰하며 걸어
가는 것이라 할 수 있습니다.

주님을 찾는 사람을
주님께서는 결단코 버리지 않으시므로,
주님의 이름을 아는 사람들이
주님만 의지합니다.

_ 9:10

시편과 구약성경, 그리고 신약성경은 오직 하나님의 도우심만을 구하는 이들의 기도에 응답하시는 하나님을 줄기차고 일관되게 증언합니다. 크고 강하고 대단한 힘을 가진 이들은 아무리 큰소리쳐도 하나님을 움직일 수 없지만, 주 하나님께서는 가난한 자의 부르짖음에 귀 기울이시며 억울하게 죽어간 이들을 기억하십니다. 하나님께서 가난한 자의 부르짖음에 응답하지 않으셨다면 구약과 신약을 기반으로 한 신앙은 진즉 사라지고 말았을 것입니다. 인류 역사 내내 힘없고 괴로운 이들은 하나님께서 그들의 기도를 들으신다는 것을 깨달았습니다. 그래서 그들은 주 하나님께 기도하며 삶을 포기하지 않았고, 온 세상 가득한 불의에도 체념하지 않았습니다.

주님,

나에게 은혜를 베풀어주십시오.

죽음의 문에서 나를 이끌어내신 주님,

나를 미워하는 자들에게서 받는 고통을 살펴주십시오.

＿9:13

악인은 그 얼굴도 뻔뻔스럽게 "벌주는 이가 어디에 있느냐?
하나님이 어디에 있느냐?"고 말합니다.
그들의 생각이란 늘 이러합니다.
그런데도 악인이 하는 일은 언제나 잘되고,
주님의 심판은 너무 멀어서 그들에게 보이지 않으니,
악인은 오히려 그의 대적을 보고 코웃음만 칩니다.

_ 10:4-5

시편이 지닌 가장 큰 위험성은 누구라도 스스로를 하나님께서 보호하시는 자로 내세우며 착각할 수 있다는 점입니다. 그래서 종종 어떤 이들이 아주 엉뚱하게 시편을 언급하는 것을 보면 크게 분노가 치밀 때도 있습니다. 사실 시편뿐 아니라 성경 전체가 악용될 수 있는 여지가 무척 많기도 합니다. 그렇다고 당신은 시편에 해당되지 않는다고 쉽게 상대를 규정할 수도 없습니다. 시편을 노래하는 시인은 늘 스스로를 가련하고 불쌍하며 가난한 사람으로 표현합니다(10:8, 10, 14, 17, 18). 이들은 현실에서 늘 슬픔과 고통, 억압 가운데 처한 이들입니다. 몸은 편안하되 정신적으로는 힘든 사람이 아니라, 몸과 마음이 모두 억압받고 고통당하는 가난한 이들이었습니다. 우리 스스로 시편의 시인과 같은지 정직하게 돌아봐야 합니다.

주님께서는 불쌍한 사람의 소원을 들어주십니다.
그들의 마음을 굳게 하여주시고, 그들의 부르짖음에
귀 기울여주십니다. 고아와 억눌린 사람을 변호하여주시고,
다시는 이 땅에 억압하는 자가 없게 하십니다.

_ 10:17-18

우리 스스로를 돌아봐도, 어제까진 오직 하나님의 도우심만 구하다가 조금 괜찮아지고 힘도 생기면 금방 다른 이들을 억누르기도 하고 때론 가진 힘을 휘두르기도 합니다. 그래서 악은 그렇게 손쉽게 사라지지 않는 것 같습니다. 누구라도 자신만만할 수 없고, 언제나 자신을 돌아보고 가난한 이웃의 곁에 서 있는 것이 필요합니다. 시편을 노래하던 그 시대에 그들은 이렇게 하나님께 기도하며 자신들이 서야 할 곳에 서고, 가야 할 길을 갔습니다. 그리고 오늘 우리는 우리가 서고 가야 할 길에 있습니다. 우리 주위에 있는 불의와 억압을 어찌할 수 없는 것으로 여기지 말고, 바꿀 수 없는 것이라 체념하지 말고, 우리 몫의 기도를 하며, 우리 몫의 순종과 실천을 하며, 하나님께서 억압과 불의를 심판해주시길 기도해야겠습니다.

주님은 의로우셔서,
정의로운 일을 사랑하는 분이시니,
정직한 사람은 그의 얼굴을 뵙게 될 것이다.

_ 11:7

우리는 노골적인 악플로, 그리고 무언중의 조롱으로도 자신을 향한 공격을 자주 경험합니다. 그럴 때 종종 자기 스스로 부족하고 못난 탓이라 여기곤 합니다. 놀랍게도 시인은 자신의 무능함 탓에 이러한 조롱을 받는다 여기지 않고, 도리어 하나님께서 악한 이를 심판해주시기를 기도합니다. 그에게는 하나님께서는 악과 폭력을 미워하신다는 굳은 신뢰가 있습니다. 그래서 시편을 읽고 묵상하다 보면, 내가 실력이 없고 능력이 없어도 한탄할 것이 아니라, 의인을 사랑하고 보호하시는 하나님을 신뢰하며 찬양하게 됩니다.

주님은,
간사한 모든 입술과 큰소리치는
모든 혀를 끊으실 것이다.

_ 12:3

○

12편의 쟁점은 사람들의 말입니다. 말과 행동이 다르고, 권력과 돈 앞에서 온통 아첨하는 말이 난무하며, 자신들의 이익을 위해 거짓말도 서슴지 않고 하는 사람들이 가득한 세상으로 인한 시인의 탄식은 오늘 우리 시대에도 정말 다르지 않습니다. 12편은 이러한 거짓말과 하나님의 말씀을 대조합니다. 주님의 말씀은 순결하고, 도가니에서 단련된 순은과도 같습니다(6절). 시인을 살게 한 것은 바로 이 주님의 말씀입니다. 거짓말과 왜곡을 일삼는 비열한 이들이 도리어 권세와 부를 누리는 현실 속에서도 시인은 하나님의 말씀을 읽고 묵상하며 무너지지 않고 살아갑니다. 그래서 이러한 세상에서 주의 말씀을 읽는 것 자체가 신앙의 결단이며 선택이라 할 수 있습니다.

나의 원수가 "내가 그를 이겼다" 하고 말할까 두렵습니다.
내가 흔들릴 때에, 나의 대적들이 기뻐할까 두렵습니다.
그러나 나는 주님의 한결같은 사랑을 의지합니다.
주님께서 구원하여주실 그때에,
나의 마음은 기쁨에 넘칠 것입니다.

_ 13:4-5

누가 주님의 거룩한 산에 머무를 수 있겠습니까?

깨끗한 삶을 사는 사람, 정의를 실천하는 사람,

마음으로 진실을 말하는 사람,

혀를 놀려 남의 허물을 들추지 않는 사람,

친구에게 해를 끼치지 않는 사람,

이웃을 모욕하지 않는 사람,

하나님을 업신여기는 자를 경멸하고

주님을 두려워하는 사람을

존경하는 사람입니다.

_ 15:1-4

15편은 '성전 입당송'이라고 불리기도 합니다. 고대 이스라엘에서는 예루살렘 성전에 들어갈 때 이러한 내용을 주고받았다고 합니다. 여기에 있는 내용대로 모두 살아가는 이도 있겠지만, 그렇지 못한 이들도 많겠지요. 우리에게 필요한 것은 본문의 고백대로 살지 못했던 일상과 자신의 부족함에 대한 겸손한 인정, 그리고 앞으로는 그리 살겠다는 다짐입니다. 이와 같은 본문은 하나님을 예배하러 나온다는 것이 그저 교회당 안에서 열심을 내는 것과는 거리가 멀다는 사실을 보여줍니다. 일상의 삶에서 정직하고 정의로운 것, 다른 사람의 곤경을 이용해 내 이익을 추구하지 않는 것과 우리의 예배는 단단히 결합되어 있습니다.

주님께서 몸소 생명의 길을 나에게 보여주시니,
주님을 모시고 사는 삶에 기쁨이 넘칩니다.

_ 16:11

시편은 힘겹고 고통스러운 삶의 현장에서 나온 시들을 아주 많이 담고 있기에 우리 삶이 힘겨울 때마다 시편의 시를 읽는 것은 아주 좋은 방법입니다. 그렇게 골라 읽다 보면, 그 앞뒤의 다른 시들도 읽게 될 것입니다. 힘겨운 현실에서 시편을 읽는 것 자체가 현실에 굴복하지 않겠다는 선언이며, 나아가 그러한 현실에 대한 저항이기도 합니다. 삶이 쾌적하게 풀려가서 하나님을 찬양하는 것이 아니라, 도무지 앞이 보이지 않는 막막함 속에서도 하나님을 찬양하며 악을 심판하시는 하나님을 노래하는 것입니다.

주님께로 피하는 사람을
오른손으로 구원하여주시는 주님,
나를 치는 자들의 손에서
나를 건져주십시오.
주님의 눈동자처럼 나를 지켜주시고,
주님의 날개 그늘에 나를 숨겨주시고,
나를 공격하는 악인들로부터
나를 지켜주십시오.

_ 17:7-9

내가 재난을 당할 때에

원수들이 나에게 덤벼들었으나,

주님께서는 오히려 내가 의지할 분이 되어주셨다.

이렇게 나를 좋아하시는 분이시기에,

나를 넓고 안전한 곳으로 데리고 나오셔서,

나를 살려주셨다.

_ 18:18-19

깨끗한 사람에게는 주님의 깨끗하심을 보이시며,
간교한 사람에게는 주님의 절묘하심을 보이십니다.
주님께서는 연약한 백성은 구하여주시고,
교만한 눈은 낮추십니다.

_ 18:26-27

하나님을 향한 시인의 기도는 매우 대담하고 자신에 차 있어 보입니다.
자신의 곤고함을 두고 자신의 부족함을 탓하며 비관하고 절망하는 것이
아니라, 도리어 하나님께 자신의 무죄함을 아뢰며 도움을 청합니다. 그
가 이렇게 할 수 있는 근거는 자신의 무죄함, 온전함, 능력 같은 것이 아
니라, 오직 그를 사랑하시는 하나님, 그를 인도하시는 하나님에 대한 신
뢰입니다. 하나님께서 그를 사랑하셔서 선택하셨고 인도하셨다는 믿음
이 신앙인들로 하여금 하나님의 행하심을 구할 수 있는 근거입니다.

하늘은 하나님의 영광을 드러내고,
창공은 그의 솜씨를 알려준다.
낮은 낮에게 말씀을 전해주고,
밤은 밤에게 지식을 알려준다.
그 이야기 그 말소리,
비록 아무 소리가 들리지 않아도
그 소리 온 누리에 울려 퍼지고,
그 말씀 세상 끝까지 번져간다.

　_ 19:1-4

주님의 교훈은 완전하여서 사람에게 생기를 북돋우어주고,
주님의 증거는 참되어서 어리석은 자를 깨우쳐준다.
주님의 교훈은 정직하여서 마음에 기쁨을 안겨주고,
주님의 계명은 순수하여서 사람의 눈을 밝혀준다.

_ 19:7-8

주님의 교훈, 주님의 계명, 주님의 말씀, 주님의 법규(7-10절)는 이스라엘이 하나님의 말씀으로 간직한 율법을 가리킨다고 볼 수 있습니다. 율법을 히브리어로 '토라'라고 하는데, 개별적인 규정 하나하나를 토라라고 부르기도 하고, 그렇게 모인 규정집으로서의 율법을 토라라고도 하며, 가장 크게는 우리가 구약성경이라고 부르는 책 전체를 하나님의 말씀인 토라라고 부를 수 있습니다. 시편 1편은 하나님의 율법인 토라를 묵상하는 삶이야말로 복된 삶이라고 노래했고, 이 19편 역시 율법이야말로 우리의 모든 부족함과 곤고함을 바로잡고 회복하며 올바른 길로 걸어가게 하는 힘이요, 능력이라고 노래합니다.

어떤 이는 전차를 자랑하고,

어떤 이는 기마를 자랑하지만,

우리는 주 우리 하나님의 이름만을 자랑합니다.

대적들은 엎어지고 넘어지지만,

우리는 일어나서 꿋꿋이 섭니다.

주님,

우리의 왕에게 승리를 안겨주십시오.

우리가 주님을 부를 때에,

응답하여주십시오.

_ 20:7-9

사자의 입에서 나를 구하여주십시오.
들소의 뿔에서 나를 구하여주십시오.
주님께서 나의 기도를 들어주셨습니다.
주님의 이름을 나의 백성에게 전하고,
예배드리는 회중 한가운데서, 주님을 찬양하렵니다.
_ 22:21-22

곤고한 삶을 토로하는 탄식시는 거의 대부분 찬양 혹은 다짐으로 마무리됩니다. 시편을 읽고 연구하는 이들 또한 방금 전까지도 그토록 격렬하게 고통을 호소하던 내용이 어떻게 갑자기 이런 찬양으로 전환되는지 궁금하게 여겼습니다. 아마도 기도하던 이는 탄식의 기도 후 성전에서 제사장이나 예언자를 통해 하나님의 위로와 구원의 말씀을 들었을 겁니다. 그로 인해 아직 구원이 자기 삶에 완전히 임하지 않았지만, 하나님의 약속의 말씀에 힘입어 하나님을 찬양하고 높였을 것이라 여겨집니다. 오늘날의 그리스도인들 역시 현실에 무척 힘들어하다가도 예배 도중 혹은 성경을 읽거나 기도하다가, 앞길은 여전히 보이지 않지만 하나님께서 함께하시는구나 깨닫고 기쁨이 밀려올 때가 있지 않습니까? 시편의 분위기 전환은 그와 같은 상황이 반영된 것이라 볼 수 있습니다.

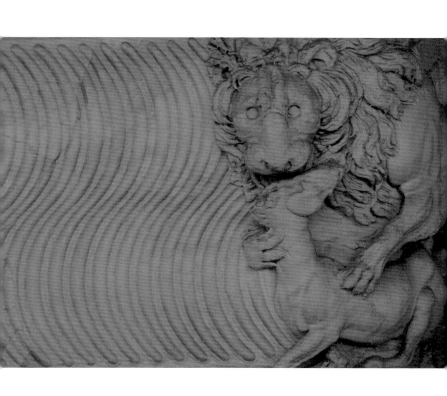

51

내가 비록 죽음의 그늘 골짜기로 다닐지라도,
주님께서 나와 함께 계시고,
주님의 막대기와 지팡이로 나를 보살펴주시니,
내게는 두려움이 없습니다.

_ 23:4

'막대기'로 옮겨진 히브리어는 임금의 권위를 상징하기도 하고, 다른 사람이나 짐승을 치는 무기로 쓰이기도 합니다. 그런 점에서 주님의 막대기는 그분의 양인 백성을 외부의 위험으로부터 보호하고 지키시는 주님을 상징한다고 볼 수 있습니다. 반면 '지팡이'로 옮겨진 단어의 어근은 '의지'이며, 그래서 나이 든 노인들이 짚고 다니는 지팡이를 가리킵니다. '의지할 만한 것'을 가리키기도 합니다. 주 하나님만이 참으로 의지할 분이시라는 것을 '주님의 지팡이'를 통해 생각해보게 됩니다. 세밀하게 따지자면 이처럼 막대기와 지팡이는 나름의 의미가 있지만, 사실 히브리 시에서는 같은 의미를 가진 다른 단어를 대응되게 쓰는 일이 허다하기에, 여기서 굳이 막대기와 지팡이를 구분하는 것은 크게 의미가 없습니다. 어느 것이든, 그 백성을 지키고 인도하신다는 것을 표현합니다.

주님,

먼 옛날부터 변함없이 베푸셨던,

주님의 긍휼하심과

한결같은 사랑을 기억하여주십시오.

내가 젊은 시절에 지은 죄와 반역을 기억하지 마시고,

주님의 자비로우심과 선하심으로

나를 기억하여주십시오.

_ 25:6-7

시편이 다윗의 이름과 많이 연관된 까닭은 그의 삶이 워낙 파란만장했기 때문일 겁니다. 그는 누구도 주목하지 않은 어린 시절을 보냈고, 그를 따르던 부하들과 수많은 전쟁을 치른 군인이었습니다. 임금이 된 후에는 임금에게는 당연할 수 있으나 하나님을 믿는 사람이라면 저질러서는 안 되는 죄, 즉 충성스러운 신하를 제거하고 그의 아내를 빼앗는 죄를 범했습니다. 그리고 사랑하는 아들의 반역까지도 경험했습니다. 위대한 왕이라는 표현보다는 참으로 인간적이었고 그러면서도 끊임없이 하나님을 의지하고 찾았던 사람, 결국 하나님 외에는 기댈 것이 없었던 사람이 다윗이라고 할 수 있습니다.

내 생명을 지켜주십시오.

나를 건져주십시오.

내가 수치를 당하지 않게 하여주십시오.

나의 피난처는 오직 주님뿐입니다.

완전하고 올바르게 살아가도록, 지켜주십시오.

주님, 나는 주님만 기다립니다.

_ 25:20-21

주님,

나에게 단 하나의 소원이 있습니다.

나는 오직 그 하나만 구하겠습니다.

그것은 한평생 주님의 집에 살면서

주님의 자비로우신 모습을 보는 것과,

성전에서 주님과 의논하면서 살아가는 것입니다.

_ 27:4

○

27편을 비롯해서 여러 시편들이 성전을 사모하는 내용을 담고 있습니다.
당연히 성전에 거하시는 하나님을 향한 사모함입니다. 5절에서처럼 성
전은 '피난처'로 자주 표현되는데, 이 역시 하나님이야말로 모든 가난하
고 힘없는 자를 지키고 보호하시는 분이라는 믿음의 표현입니다. 아울
러 4절에서는 이렇게 성전에, 즉 하나님의 보호 안에 피한 이가 그의 사
는 날 동안 하나님의 자비를 묵상하며 그분의 뜻을 찾겠다고 고백합니
다. 하나님께로 피하는 것, 성전으로 피하는 것은 그저 삶의 도피가 아닙
니다. 힘거운 삶을 살던 자가 온 땅에 임하시는 하나님의 은혜를 기억하
며 그분의 뜻을 찾고 구하는 변화로 이어집니다.

이 세상에 머무는 내 한 생애에,

내가 주님의 은덕을 입을 것을 나는 확실히 믿는다.

너는 주님을 기다려라.

강하고 담대하게 주님을 기다려라.

_ 27:13-14

주님의 지성소를 바라보며,
두 손을 치켜들고 주님께 울부짖을 때에,
나의 애원하는 소리를 들어주십시오.

_ 28:2

하나님은 결코 눈으로 볼 수 없는 존재시지만, 하나님 외에 달리 의지할 곳이 없는 이들이 하나님을 구하고 찾을 때 여러 방식으로 그분의 사랑과 은혜를 발견하고 깨달으며 고백하게 됩니다. 그렇기에 주를 믿는 신앙은 까마득한 고대 이스라엘 이래 지금까지 무수한 사람들을 통해 전해지고 생생하게 존재할 수 있습니다. 주님을 가까이하는 자는 주님께서 가까이하심을 경험하게 됩니다. 이런 경험을 가진 사람은 때로 죽을 것 같은 어두침침한 인생의 골짜기를 걸으며 주님의 도우심을 전혀 경험하지 못하는 순간일지라도 낙심하지 않고 주님을 찾을 수 있습니다. 그래서 어쩌면 캄캄한 인생길이야말로 주님의 보이지 않는 도우심, 또 나와 함께 고난받으심을 가장 생생히 경험하는 시간일 수 있습니다.

그들의 행위와 그 악한 행실을 따라
그들에게 고스란히 갚아주십시오.
그들이 한 그대로 그들에게 갚아주십시오.
그들이 받을 벌을 그들에게 되돌려주십시오.
_ 28 : 4

"행한 대로 갚으신다"는 인과응보는 결코 가볍게 여기지 말아야 할 삶의 진리입니다. 세상에 가득한 불의, 불의한 자들의 득세와 횡행을 볼 때, 만약 행한 대로 갚으시는 하나님에 대한 믿음이 없다면 우리는 진즉 무너졌을 것이고, 더 나아가 그러한 불의에 일찍부터 참여했을 겁니다. 그와 더불어, 시편의 '나'는 힘을 휘둘러 악을 행하며 사람을 짓밟는 악인에게 자신의 손으로 직접 복수하지 않습니다. 만일 우리 스스로 악에게 복수한다면 세상은 금세 폭력 가득한 혼돈의 현장이 되고 말 것입니다. 그래서 시인은 하나님의 손에 복수를 맡깁니다. 그렇기에 때로 잔인해 보이는 그의 기도는 실제로는 철저한 '비폭력의 기도'라고 할 수 있습니다.

주님은

진정 나의 바위, 나의 요새이시니,

주님의 이름을 위하여 나를 인도해주시고 이끌어주십시오.

그들이 몰래 쳐놓은 그물에서 나를 건져내어 주십시오.

주님은 나의 피난처입니다.

주님의 손에 나의 생명을 맡깁니다.

_ 31:3-5

팔레스타인의 지형은 지중해 쪽 해변이 비옥하고 평평하며, 요단강 방향의 내륙으로 갈수록 조금씩 높아지다가 요단강에서 급격히 고도가 낮아집니다. 이스라엘은 유다 산지, 에브라임 산지, 갈릴리 산지와 같은 산지 지형에 주로 정착했습니다. 그러다 보니 바위는 흔히 볼 수 있는 풍경이었을 것입니다. 특히 다윗이 사울에게 쫓기며 도망 다니던 유다 광야 지역은 그러한 바위가 곳곳에 있는 황무지였습니다. 아울러 외부의 침략으로부터 보호하기 위해 어느 정도 규모가 되는 곳마다 요새, 즉 성을 쌓았습니다. 시편의 시인들은 그들이 주로 살아가던 산지 곳곳에 있는 커다란 바위나 견고한 요새를 보며, 주 하나님이야말로 모든 피하는 자를 지키고 보호하시는 바위요, 요새라고 깨닫고 노래했습니다.

누가 뭐라고 해도 나는 주님만 의지하며,

주님이 나의 하나님이라고 말할 것입니다.

내 앞날은 주님의 손에 달렸으니,

내 원수에게서, 내 원수와 나를 박해하는 자들의 손에서,

나를 건져주십시오.

_ 31:14-15

시편은 가난한 자의 노래입니다. 여기서 '가난한 자'는 단지 경제적으로 어려운 사람이 아니라, 달리 누구에게 의지하거나 도움을 받을 길이 전혀 없는 상태를 가리킵니다. 그래서 사람들로부터 억울하게 일방적인 비난을 당하지만 자신의 억울함을 제대로 말할 기회조차 얻지 못한 원통한 사람들, 다른 사람에게 해를 끼치는 잘못이 아님에도 대다수의 사람과 다르다는 이유로 혐오 가득한 말을 듣는 이들, 바로 이들이 시편이 말하는 가난한 자와 통합니다. 그래서 시편은 약자의 노래이기도 합니다. 하나님께서는 그 가난한 자와 약자의 기도를 반드시 들으실 것입니다.

주님을 경외하는 사람에게 주시려고

주님께서 마련해두신 복이 어찌 그리도 큰지요?

주님께서는 주님께로 피하는 사람들에게 복을 베푸십니다.

사람들이 보는 앞에서 복을 베푸십니다.

_ 31:19

경건한 사람이 고난을 받을 때에,
모두 주님께 기도하게 해주십시오.
고난이 홍수처럼 밀어닥쳐도,
그에게는 미치지 못할 것입니다.

_ 32:6

온 땅아, 주님을 두려워하여라.

세상 모든 사람아, 주님을 경외하여라.

한마디 주님의 말씀으로 모든 것이 생기고,

주님의 명령 한마디로

모든 것이 견고하게 제자리를 잡았다.

_ 33:8-9

8절에 나오는 '두려워하다'와 '경외하다'의 의미는 다르지 않습니다. 구약 성경의 시편과 같은 글에서는 같은 내용을 가리키되 다른 단어를 써서 표현하는 경우가 많습니다. 이런 방식을 가리켜 '동의평행법'이라고 부르기도 합니다. 같은 의미를 다른 단어로 표현하면 글에서 좀 더 생기가 느껴집니다. 시편은 그저 전하고자 하는 바를 전하는 데만 목적을 두지 않고, 이처럼 이런저런 수사법이나 문학적인 기법을 다채롭게 활용했기 때문에 미적으로도 아름답습니다. 그래서 당장 삶의 변화와 거리가 있더라도, 시가 전하는 이미지와 아름다움을 누리는 것도 시편을 읽는 하나의 방법입니다.

그렇다. 주님의 눈은 주님을 경외하는 사람들을 살펴보시며,
한결같은 사랑을 사모하는 사람들을 살펴보시고,
그들의 목숨을 죽을 자리에서 건져내시고,
굶주릴 때에 살려주신다.

_ 33:18-19

만일 하나님께서 세상의 모든 불의와 불공정을 심판해 제거하신다면, 사람이 하나님의 형상대로 지음 받았다는 사실은 무슨 의미가 있을까요? 사람은 때로 악하고 때로는 심히 무능하지만, 세상에 존재하는 악을 고발하고 맞서는 일은 하나님의 책임이 아니라 사람의 책임입니다. 사람이 행하는 일이 악하기에 불의가 존재하는 현실을 하나님 책임이라 할 수는 없습니다. 하나님의 도우심을 신뢰하면서, 부족하고 연약한 사람이 한 걸음씩 하나님의 뜻을 실천하며 걸어갈 때 부르는 노래가 시편이라 할 수 있습니다.

내가 주님을 간절히 찾았더니,
주님께서 나에게 응답하시고,
내 모든 두려움에서 나를 건져내셨다.
주님을 우러러보아라.
네 얼굴에 기쁨이 넘치고
너는 수치를 당하지 않을 것이다.

_ 34:4-5

주님은,

마음 상한 사람에게 가까이 계시고,

낙심한 사람을 구원해주신다.

의로운 사람에게는 고난이 많지만,

주님께서는 그 모든 고난에서 그를 건져주신다.

_ 34:18-19

참으로 즐거운 삶, 평화로운 삶을 원한다면 악한 말과 거짓말을 하지 말고 선한 일을 행하는 것이 길이라고 시편은 말합니다. 악한 말과 거짓말은 이웃을 이용하거나 해롭게 하더라도 나의 이익과 유익을 얻기 위한 행동입니다. 다른 이의 평화와 행복을 짓밟으며 내가 행복할 수 있는 길은 단연코 없습니다. 일시적으로는 행복을 누릴지 몰라도, 그 행복은 오래가지 못합니다. 하나님께서 살아계시니까요. 결국 행복은 내가 가진 돈이나 힘이 아니라, 나와 내 곁의 사람들이 즐거움과 기쁨, 평안을 누리는 일상이 아닐까요? 참된 행복은 정의로운 삶, 선한 삶에 있습니다.

주님,

나와 다투는 자와 다투시고,

나와 싸우는 자와 싸워주십시오.

큰 방패와 작은 방패를 잡으시고, 일어나 나를 도와주십시오.

창과 단창을 뽑으셔서 나를 추격하는 자들을 막아주시고,

나에게는 "내가 너를 구원하겠다" 하고 말씀하여주십시오.

_ 35:1-3

사실 시편의 수많은 탄식 가득한 기도는 악용되기 쉽습니다. 누구나 다 자기가 억울하다며 하나님께 자신의 편이 되어달라고 기도를 하곤 합니다. 누가 봐도 악하게 살아가는 이가 시편을 들어 기도하는 모습을 보면 정말 분노가 차오르기도 합니다. 그래서 시편의 기도는 누구라도 따라할 수 있지만, 또 반대로 누구라도 자신을 돌아보게 합니다. 시편은 약자의 기도, 가난한 자의 기도, 하나님 외에는 의지할 곳이 없는 이들의 기도입니다. 누구라도 시편으로 기도하는 것을 막을 수는 없지만, 이와 같은 기도를 한다고 하나님께서 모두 응답하시는 것은 아닙니다. 하나님께서는 가난한 자의 기도를 들으실 것입니다.

거짓 증인들이 일어나서,

내가 알지도 못하는 일을 캐묻는구나.

그들이 나에게 선을 악으로 갚다니!

내 영혼을 이토록 외롭게 하다니!

_ 35:11-12

○

상대가 내가 베푼 선을 악으로 갚을 뿐 아니라 계속해서 내가 망하고 쓰러지기를 바라며 모함하고 모략한다면, 누구라도 견디기 어려울 겁니다. 그 모든 괴로움과 쓰라림 역시 하나님께 아뢰는 기도가 됩니다. 악을 행하고 그 힘을 휘두르는 이들에 비해, 시인이 할 수 있는 것은 하나님을 향한 기도밖에 없습니다. 이러한 부르짖음을 '자기중심적'이라고 말할 수는 없겠지요. 하나님의 도우심을 구하고 찾는 이를 하나님께서 지키고 보호하신다는 것은 시편을 비롯해 모든 성경이 줄기차게 증언하는 사실이며, 무수한 신앙인들이 역사와 삶을 통해 계속 경험하고 고백하는 내용입니다.

거짓말쟁이 원수들이 나를 이겼다면서
기뻐하지 못하게 해주십시오.
까닭 없이 나를 미워하는 자들이
서로 눈짓을 주고받으며 즐거워하지 못하게 해주십시오.
그들은 평화에 대해 말하는 법이 없습니다.
평화롭게 사는 백성을 거짓말로 모해합니다.

_ 35:19-20

다윗의 기도에는 자존감이 넘칩니다. 하나님 앞에서 당당합니다. 그러한 '자존감'은 하나님께서 내 사정과 형편을 아신다는 믿음에서 비롯됩니다. 가난하고 약한 이들은 어려움이 생기면 자신의 무능과 부족함 때문이라 여기는 경우가 있지만, 시편의 시인들은 자신의 모습 그대로 하나님께 나아와 자신을 억압하는 원수를 고발하며 하나님의 도우심을 구합니다. 세상의 주인은 유능하고 실력 있는 사람이 아니라 주 하나님이십니다. 그 하나님의 형상대로 지음 받은 사람은 누구나 하나님께서 지으신 세상에서 풍성한 삶을 살 자격이 있습니다. 시인의 담대함과 당당함은 완벽한 삶의 자신감에서 나오는 것이 아니라, 온 땅의 공정한 재판장이신 하나님에 대한 신뢰에서 나옵니다.

주님의 한결같은 사랑은 하늘에 가득 차 있고,
주님의 미쁘심은 궁창에 사무쳐 있습니다.
주님의 의로우심은 우람한 산줄기와 같고,
주님의 공평하심은 깊고 깊은 심연과도 같습니다.
_ 36:5-6

창세기 1-2장은 하나님께서 사람만이 아니라 짐승도 지으셨음을 보여줍니다. 그리고 창세기 9장 3-6절에서는 사람의 피든 동물의 피든, 피를 흐르게 한 이는 자신의 피로 갚아야 한다고 선포하셨습니다. 삶에 필요한 양식을 위한 것이 아니라면, 인간에게 저항하기 어려운 동물을 학대하고 함부로 죽이는 행태를 하나님께서는 반드시 벌하실 것입니다. 이 시는 세상을 향한 하나님의 한결같은 사랑과 신실하심을 노래합니다. '주님의 의로우심'은 그 하나님의 사랑과 자비, 인자하심으로 행하시는 모든 일을 가리킵니다. 그러한 사랑과 은혜를 단적으로 보여주는 말이 사람과 짐승을 똑같이 돌보신다는 표현이라 볼 수 있습니다.

네 갈 길을 주님께 맡기고, 주님만 의지하여라.

주님께서 이루어주실 것이다.

너의 의를 빛과 같이,

너의 공의를 한낮의 햇살처럼

빛나게 하실 것이다.

_ 37:5-6

시편에 모인 시 대부분은 고대 이스라엘의 예배에서 사용되었습니다. 셀라를 비롯한 여러 음악적 기호와 지휘자에 대한 언급에서 이를 알 수 있습니다. '다윗의 시'라고 해서 모두 다윗이 지은 것은 아닙니다. 성전 성가대에 속한 이들이 다윗을 기념해 사용하기도 하고, 다윗에게 헌정된 시도 있을 것입니다. 다윗이 위대한 왕이라서 칭송했다기보다는, 하나님을 의지하는 신앙인을 대표하는 인물로 그를 기렸다고 할 수 있습니다. 그래서 다윗의 시는 힘겹고 어려운 삶을 살아가는 이라면 누구라도 공감할 수 있습니다. 그렇기에 이 시는 오늘날에도 동서를 막론하고 널리 읽힙니다.

조금만 더 참아라. 악인은 멸망하고야 만다.

아무리 그 있던 자취를 찾아보아도 그는 이미 없을 것이다.

겸손한 사람들이 오히려 땅을 차지할 것이며,

그들이 크게 기뻐하면서 평화를 누릴 것이다.

_ 37:10-11

우리가 걷는 길이 주님께서 기뻐하시는 길이면,
우리의 발걸음을 주님께서 지켜주시고,
어쩌다 비틀거려도 주님께서 우리의 손을 잡아주시니,
넘어지지 않는다.

_ 37:23-24

고대인들은 저주가 효력이 있다 여겨 나름의 마술적인 의식을 동원해 저주 의식을 치르곤 했지만, 시편의 기도자들은 그 저주를 당사자에게 퍼붓는 것이 아니라, 오직 하나님께서 악을 심판해달라고 기도로 아뢸 뿐입니다. 시편의 기도자와 같은 처지의 가난하고 어려운 사람을 괴롭히고 억압하는 악인은 그야말로 악의 세력입니다. 그래서 시편의 저주 기도는 효력 있는 주술 의식이 아니라, 괴롭고 고통스러운 마음을 하나님께 토로하는 눈물의 기도요, 하나님께서 세상의 악을 심판해 바로잡아 주시는 정의를 구하는 기도입니다.

평화를 사랑하는 사람에게는 미래가 있으나,
범죄자들은 함께 멸망할 것이니,
악한 자들은 미래가 없을 것이다.

_ 37:37-38

만일 의로움과 악함이 개인의 기준으로 결정된다면 온 세상은 독선으로 가득 차고, 결국 힘세고 이긴 사람만이 정의가 될 것입니다. 이를 막기 위해서는 너도 나도 아닌, 제3의 판단 혹은 보편적인 기준이 반드시 필요합니다. 구약성경은 하나님의 율법이야말로 너와 나의 이익을 넘어 온 세상과 사람을 지으신 하나님의 기준을 제시한 것이기에 의와 악의 판단 기준이 된다고 증언합니다. 다윗과 같은 시편의 기도자들은 자신만이 의롭다 말하는 것이 아니라, 하나님의 율법과 행하심을 따라 호소합니다. 그래서 37편에서도 의인의 특징은 하나님을 의지하며 선을 행하는 것입니다(3, 5, 7, 26, 34절).

내가 기다린 분은 오직 주님이십니다.
나의 주, 나의 하나님,
나에게 친히 대답하여주실 분도
오직 주님이십니다.

_ 38:15

사실 정말로 어려운 것은 자신의 죄를 인정하는 일이지 않을까요? 더구나 사회적 지위도 조금 생기고 나이도 어느 정도 들어 이런저런 체면 같은 것이 생기면, 우리는 자신의 잘못을 인정하지 않고 우기거나 고집부리기 쉽습니다. 반면 시편의 기도자들은 자신의 잘못을 하나님 앞에 고백하고 아룁니다. 그리고 자신의 죄가 가져오는 고통과 괴로움을 생생히 고백합니다. "뼈에도 성한 데가 없고 상처가 곪아 터졌다"(3, 5절)고 말합니다. 죄는 이렇게도 무거운 것인데, 우리는 이를 심각하게 생각조차 하지 않는 것 같습니다. 기도자는 하나님께 이 모든 죄악을 아뢰기에 여전히 그분 앞에 나아올 수 있으며, 하나님의 도우심을 바라고 신뢰하기에 이처럼 간절히 기도할 수 있습니다. 하나님께서는 죄를 짓지 않은 사람을 찾으시는 것이 아니라 언제든 자신의 죄를 인정하고 죄로부터 떠나 하나님께 나아오는 이를 찾으십니다.

주님께서 나에게

한 뼘 길이밖에 안 되는 날을 주셨으니,

내 일생이 주님 앞에서는 없는 것이나 같습니다.

진실로 모든 것은 헛되고,

인생의 전성기조차도

한낱 입김에 지나지 않습니다. (셀라)

_ 39:5

그러므로 주님, 이제, 내가 무엇을 바라겠습니까?
내 희망은 오직 주님뿐입니다.
내가 지은 그 모든 죄악에서 나를 건져주십시오.
나로 어리석은 자들의 조롱거리가 되지 않게 해주십시오.

_39:7-8

인생의 덧없음을 표현하기에 가장 어울리는 나이는 노년이겠지만, 비록 젊은 시절이라 해도 자신의 뜻대로 되지 않는 어려움과 고통을 겪노라면 절로 이와 같은 고백이 나올 것입니다. 사람이 아무리 강건하다 해도 인생이라는 것이 우리 뜻대로 되지 않는 경우를 허다하게 경험합니다. 때로 아예 우리 힘으로 할 수 있는 것이 아무것도 없음을 젊은 나이에도 경험하곤 합니다. 금수저니 흙수저니 하는 말이 떠돈다는 것은 이미 많은 이들이 몸부림쳐도 어쩔 수 없는 현실을 경험하고 있음을 알려줍니다.

주님, 내 기도를 들어주십시오.
내 부르짖음에 귀를 기울여주십시오.
내 눈물을 보시고, 잠잠히 계시지 말아 주십시오.
나 또한 나의 모든 조상처럼 떠돌면서
주님과 더불어 살아가는 길손과 나그네이기 때문입니다.

_ 39:12

시편에 표현된 다윗은 위대한 왕이 아니라 끊임없는 고통과 괴로움 속에서 스스로 어찌할 수 없는 곤고한 인생길을 걸어가는 사람입니다. 다윗의 이름이 부착된 시들은 대부분 인생의 괴로움과 대적의 핍박 앞에서 하나님 말고는 도움을 청할 데가 없는 힘겨운 다윗의 모습을 보여줍니다. 설령 왕이라 할지라도 이 땅에서 자신의 운명을 제 마음대로 할 수는 없을 것이며, 사람들이 공격하고 대적하기 쉬운 처지의 사람이라면 더더욱 아무것도 손에 쥘 수 없는 인생길을 걸어갈 것입니다. 구약성경은 사람의 일생을 자주 나그네와 길손에 비유합니다. 우리의 힘겨운 삶을 반영하는 표현이면서, 우리의 욕심과 욕망을 내려놓게 만드는 표현이기도 합니다.

하나님은 나의 주님이시니,
주님의 긍휼하심을
나에게서 거두지 말아 주십시오.
주님은 한결같은 사랑과 미쁘심으로,
언제나 나를 지켜주십시오.
_ 40:11

시편 40편의 1-10절은 구덩이와 진흙탕 같은 고난에서 건져주신 하나님께 감사하는 기도라면, 11-17절은 헤아릴 수 없는 많은 재앙 속에서 오직 하나님의 도우심과 구원을 간구하는 탄식의 기도라고 할 수 있습니다. 이렇게 감사와 탄식이 연결된 경우는 현재의 괴롭고 힘든 상황 속에서 이전에 주 하나님께서 베푸신 구원 경험을 떠올리고 되새기면서 다시금 하나님께서 건져주시기를 부르짖는 상황을 생각해볼 수 있습니다. 이전의 구원 경험에 대한 회고는 시편에 자주 등장합니다. 하나님의 건지심은 한 번 경험하면 그것으로 끝이 아닙니다. 그 경험은 다음에 닥쳐올 또 다른 곤경과 괴로움 속에서도 낙심하거나 좌절하지 않고 다시 하나님께 부르짖고 일어날 수 있는 힘의 원천이 됩니다.

나는 불쌍하고 가난하지만,
주님, 나를 생각하여주십시오.
주님은 나를 돕는 분이시요,
나를 건져주는 분이시니,
나의 하나님,
지체하지 말아 주십시오.
_ 40:17

고통스러운 삶이 새롭기는 쉽지 않을 것입니다. 한 고비를 넘으면 또 다른 고비가 닥쳐온다는 말 역시 종종 듣는 표현이기도 합니다. 시편에 등장하는 '나'는 17절에서 보듯 "불쌍하고 가난합니다"(또한 41:1). 시편은 부유하고 힘 있는 자들의 기도가 아니라 불쌍하고 가난한 사람의 기도입니다. 그렇기에 매일매일 고난이 있고, 날마다 어려움이 닥쳐옵니다. 그런 상황에서도 시편의 시인은 절망하지 않고 또다시 하나님을 찾고 구하고, 찬양하고 노래합니다. 내일 또 절망하겠지만, 그래도 또다시 부르짖고 하나님을 신뢰하며 또다시 찬양합니다. 살아간다는 것은 찬양하는 것이고, 찬양하는 것은 살아가는 것입니다.

가난하고 힘없는 사람을 돌보는 사람은 복이 있다.
재난이 닥칠 때에 주님께서 그를 구해주신다.
주님께서 그를 지키시며 살게 하신다.
그는 이 세상에서 복 있는 사람으로 여겨질 것이다.
_ 41:1-2

다윗이 질병으로 고통당했다는 기록이 성경에 나오지는 않지만, 사람이라면 평생 아프지 않을 수는 없을 것입니다. 시편의 다윗은 질병과 같은 괴로운 상황 속에서 어찌할 바를 모르는 곤고한 인생을 대표합니다. 전염병이 퍼지면 가난하고 힘없는 사람일수록 병에 걸리기 더 쉽고, 걸리면 대개 참혹한 결과를 맞이할 확률도 더 높습니다. 특히 그가 올바른 일을 행하며 하나님을 믿는 믿음을 굳게 지키며 살려고 했다면, 병에 걸렸을 때 주위의 조롱과 저주는 더 커지는 법입니다. 41편은 그와 같은 상황을 반영합니다. 시인은 하나님께서 고쳐주셔서 원수가 환호하지 않게 해달라고 기도합니다. 오직 하나님만 의지하는 가난한 이들이 수치를 당하지 않게 해달라는 이 기도는 오늘 우리가 우리 곁의 고난당하는 이웃을 위해 드릴 수 있는 기도이기도 합니다.

111

내 영혼아,

네가 어찌하여 그렇게 낙심하며,

어찌하여 그렇게 괴로워하느냐?

너는 하나님을 기다려라.

_ 42:11

우리 조상이 이 땅을 차지한 것은
그들의 칼로 차지한 것이 아니었습니다.
조상이 얻은 승리도 그들의 힘으로 얻은 것이 아니었습니다.
오직, 하나님의 오른손과 오른팔과 하나님의 빛나는 얼굴이
이루어주셨으니, 참으로 이것은
하나님께서 그들을 사랑하셨기 때문입니다.

_ 44:3

시편 44편은 '우리'라는 말의 반복에서 보듯이 공동체가 그들에게 임한 재앙으로 인해 탄식하며 하나님의 도우심을 구하는 '공동체 탄식시'입니다. 개인의 탄식시와는 달리, 공동체 탄식시의 첫머리에는 대개 이전에 하나님께서 베푸신 크나큰 구원에 대한 회고가 나옵니다(44:1-8). 이어지는 내용은 현재 그들이 겪는 고통스러운 현실에 대한 토로입니다(9-22절). 아마도 전쟁에서의 패배가 이러한 탄식의 배경일 것입니다. 마지막은 하나님께서 이 민족을 구원해주시기를 구하는 탄원 혹은 기도입니다(23-26절). 실제로 어떤 구체적인 상황이 이 시의 배경인지는 판단할 수 없지만, 이스라엘이 이방 민족에게 패배하고 나라 전체가 위태로워진 상황이라면 모두 이 시와 연관될 수 있습니다. 오늘날에도 함께 살아가는 공동체, 그것이 교회든 지역사회든 혹은 국가든, 공동체 전체에 큰 재앙이 임했을 때 44편은 함께 드릴 기도입니다.

너희는 잠깐 손을 멈추고,
내가 하나님인 줄 알아라.

_ 46:10

○

여러 세대를 거치며 사람들 마음에 새겨진 글은 단순하게 사실을 늘어놓은 글이 아니라, 이 시편 46편처럼 "하나님은 나의 피난처시니 땅이 흔들릴지라도 나는 두려워하지 않겠습니다"와 같은 시구일 것입니다. 이 시에 나타난 여러 표현은 지금 보기에는 그저 과장 같지만, 막상 삶의 어려움에 처했을 때 우리는 정말로 '땅이 흔들리고 산이 무너져 바다로 빠지는 것'처럼 흔들리고 비틀거리는 인생을 경험하게 됩니다. 그래서 이 시는 그저 한껏 문학적 솜씨를 부린 글이라기보다, 힘겹고 어려운 삶의 한복판을 통과한 이들의 경험을 시적으로 표현한 것이라고 볼 수 있습니다. 사방으로 어려움을 당해 힘겨울 때, "너희는 잠깐 손을 멈추고, 내가 하나님인 줄 알아라"(10절)라는 구절은 어려운 인생을 버티고 견뎌내게 하는 힘이 됩니다.

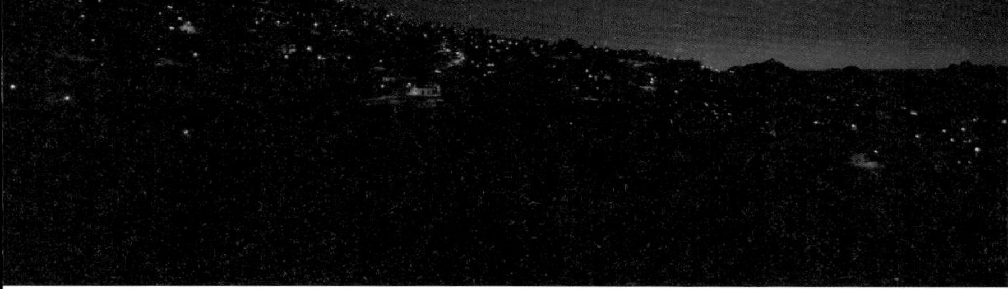

아무리 대단한 부자라 하여도
사람은 자기의 생명을 속량하지 못하는 법,
하나님께 속전을 지불하고 생명을 속량할 사람은 아무도 없다.
생명을 속량하는 값은 값으로 매길 수 없이 비싼 것이어서,
아무리 벌어도 마련할 수 없다.

_ 49:7-8

'속량'은 '값을 지불하고 되사는 것'을 의미하며, '속전'은 그때 지불한 돈을 가리킵니다. 생명은 죽음의 반대말입니다. 모든 사람은 반드시 죽게 마련이며, 아무리 돈이 많은 부자도 다가오는 죽음을 피할 수 없다고 이 시편은 말합니다. 죽음은 모두에게 공평합니다. 평생 모은 돈이 아무리 많아도, 수많은 땅을 사들인다 하더라도, 죽음이 닥쳐오면 아무것도 가져갈 수 없고 운명을 바꿀 수도 없으며, 그저 내려두고 죽음을 맞이할 수밖에 없습니다. 때로 죽음은 재앙처럼 여겨지지만, 이 시편이 노래하듯이 죽음은 가난한 자와 부자, 권력자와 힘없는 자 모두를 공평하고 동등하게 만듭니다.

누구나 볼 수 있다.

지혜 있는 사람도 죽고,

어리석은 자나 우둔한 자도 모두 다 죽는 것을!

평생 모은 재산마저 남에게 모두 주고 떠나가지 않는가!

사람들이 땅을 차지하여

제 이름으로 등기를 해두었어도

그들의 영원한 집, 그들이 영원히 머물 곳은

오직 무덤뿐이다.

사람이 제아무리 영화를 누린다 해도

죽음을 피할 수는 없으니, 미련한 짐승과 같다.

_ 49:10-12

121

하나님을 잊은 자들아, 이 모든 것을 깨달아라.

그렇지 않으면, 내가 너희를 찢을 때에

구하여줄 자가 없을까 두렵구나.

감사하는 마음으로 제물을 바치는 사람이

나에게 영광을 돌리는 사람이니,

올바른 길을 걷는 사람에게, 내가 나의 구원을 보여주겠다.

　_ 50:22-23

아, 하나님,
내 속에 깨끗한 마음을 창조하여주시고
내 속을 견고한 심령으로 새롭게 하여주십시오.
주님 앞에서 나를 쫓아내지 마시며,
주님의 성령을 나에게서 거두어가지 말아 주십시오.
주님께서 베푸시는 구원의 기쁨을 내게 회복시켜 주시고,
내가 지탱할 수 있도록 내게 자발적인 마음을 주십시오.

　_ 51:10-12

하나님,
주님께서는 반드시 그들을
멸망의 구덩이로 내려가게 하실 것입니다.
피 흘리기를 좋아하고, 속이기를 좋아하는 자들은
자기 목숨의 절반도 살지 못하게 될 것입니다.
그러기에 나는 주님만 의지하렵니다.

_ 55:23

시편에 등장하는 시인은 가난하고 괴로우며 억울하고 힘겹습니다. 그렇지만 그렇게 괴로움을 호소하는 시들은 한결같이 그들의 기도에 응답하실 하나님에 대한 강렬한 찬양으로 끝맺곤 합니다. 현실은 전혀 그렇지 않은데도 "앞날은 좋아질 거야"라고 말하는 일종의 '정신 승리'라기보다, 이 시들은 하나님의 신실하심에 대한 굳은 신뢰를 보여줍니다. 들으시는 하나님께서 계시지 않는다면 절망과 원한밖에 없을 테지만, 시편의 시인들은 그 막막함 속에서도 하나님을 신뢰하며 노래합니다. 악한 현실과 싸우느라 또 다른 악인이 되어버리는 길을 택하지 않고, 하나님을 신뢰하며 걸어갑니다. 그래서 끝까지 하나님을 신뢰하며 걸어가겠다는 표현인 찬양은 굴복하지 않겠다는 강력한 선언이기도 합니다.

하늘에서 주님의 사랑과 진실을 보내시어,

나를 구원하여주십시오.

나를 괴롭히는 자들을 꾸짖어주십시오. (셀라)

오, 하나님,

주님의 사랑과 진실을 보내어주십시오.

_ 57:3

○

'사랑'은 '인자'라고도 번역되는 단어입니다. 이 단어는 '언약으로 맺어진 관
계 안에서의 충실함'이라는 의미를 지닙니다. 하나님께서 그 백성과 언약
을 맺으셨고, 끝까지 그들을 지키고 보호하실 것임을 이와 같은 표현이 증
언합니다. '진실' 혹은 '진리'라고도 번역되는 히브리어는 얼핏 '영원하고 절
대적인 것'으로 여겨지기 쉽지만, '한결같이 참된 것'을 의미합니다. 그래서
하나님의 진실 혹은 하나님의 진리는 임금을 대할 때나, 가난한 이를 대할
때나, 외모나 권력과 무관하게 한결같이 참되게 대하시는 것으로 드러납니
다. 그래서 원수에게 둘러싸여 모진 어려움을 겪고 있는 시인이 갈망하는
것은 오직 하나님의 사랑과 진실입니다.

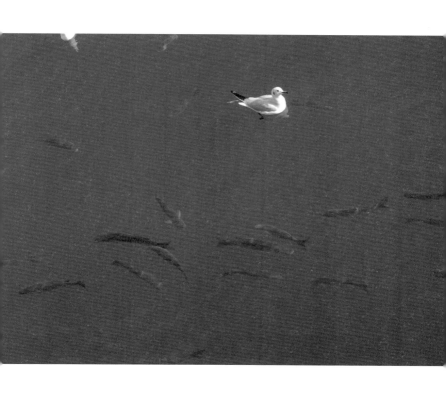

너희 통치자들아,

너희가 정말 정의를 말하느냐?

너희가 공정하게 사람을 재판하느냐?

그렇지 않구나. 너희가 마음으로는 불의를 꾸미고,

손으로는 이 땅에서 폭력을 일삼고 있구나.

_ 58:1-2

"절대 권력은 절대 부패한다"는 말처럼, 권력의 본질은 변하지 않는다고 말할 수 있습니다. 권력을 얻는 이유가 힘없는 사람을 위해서라고 다들 말하지만, 그리고 처음엔 진심이었겠지만, 막상 권력을 쥐고 나면 그것을 놓지 않기 위해 온갖 악을 행하며 가난하고 힘없는 이를 모른 체하고 짓밟는 모습이 이제까지 권력의 일상입니다. 구약성경의 시편은 예배 중에 부른 찬송이었을 텐데, 이처럼 권력을 규탄하고 고발하는 내용을 불렀다는 점도 눈길을 끕니다. 신앙 공동체 안에서 특정 정치인이나 정당을 지지하는 것은 부당하겠지만, 권력을 휘둘러 가난한 자를 짓밟고 민주주의를 유린하는 세력에 대해서는 58편과 같이 규탄하고 고발하는 일이 교회 안에서도 이루어져야 한다는 것을 이 시편에서 알 수 있습니다.

나의 하나님,

내 원수들에게서 나를 구원해주시고,

나를 치려고 일어서는 자들에게서 나를 지켜주십시오.

악을 지어내는 자들로부터 나를 구해주시고,

피 흘리기 좋아하는 자들에게서 나를 건져주십시오.

　_ 59:1-2

주님은 나의 피난처시요,
원수들에게서 나를 지켜주는 견고한 망대이십니다.
내가 영원토록 주님의 장막에 머무르며,
주님의 날개 아래로 피하겠습니다. (셀라)
  _ 61:3-4

바위, 피난처, 견고한 망대, 장막, 날개…. 다윗이 피하려고 비유한 이 장소들은 안전함, 든든함, 견고함 같은 이미지입니다. 고대 이스라엘은 대체로 산악 지역에 정착했기에, 여기서 볼 수 있는 지형지물이 손쉽게 비유 언어로 쓰였습니다. 특히 '내 힘으로 오를 수 없는 저 바위'(2절)와 같은 표현은 자신의 능력에 비해 훨씬 높은 바위라는 점에서 자신을 완전히 보호하고 지킬 수 있는 것을 가리킨다고 여겨집니다. 이 모든 비유는 '주님의 장막'을 가리키며, 이를 달리 '주님의 날개'로 표현합니다. 그리고 주님께서 거하시는 성소로 가서 주님의 도우심을 구하는 것을 "주님의 장막으로 피한다", "주님의 날개 아래 피한다"고 표현합니다.

억압하는 힘을 의지하지 말고,

빼앗아서 무엇을 얻으려는 헛된 희망을 믿지 말며,

재물이 늘어나더라도 거기에 마음을 두지 말아라.

_ 62:10

○

62편 9-10절을 보면 신분을 막론하고 어떤 사람들이 세력을 형성해서 다른 사람들에게 억압과 힘을 행사했고, 그로 인해 시편 기자 역시 피해를 입었다는 것을 짐작할 수 있습니다. 당시 사람들은 그런 강한 세력에 기대거나 잘 보이는 것이 중요하다 여겼을 것이며, 이런 모습은 오늘날에도 빈번합니다. 이 시편은 그러한 현실에서도 오직 하나님만 의지하겠다고 선언합니다. 그래서 하나님을 의지한다는 것은 단순히 종교적인 어떤 감정이 아니라, 세상을 휩쓰는 강대한 세력이나 권세에 굴복하지 않겠다는 단호한 결단입니다. 또 그들이 저지르는 억압과 약탈에 참여하지 않는 것입니다. 마지막 부분의 '행한 대로 갚으시는 하나님'에 대한 언급은 대부분의 사람이 권력과 대세에 굴복하며 악을 행할 때, 끝까지 옳고 바른길을 걸어간 시편 기자를 하나님께서 지키고 응답하실 것이라는 믿음을 보여줍니다.

하나님,
내가 탄식할 때에 내 소리를 들어주십시오.
원수들의 위협에서 내 생명을 지켜주십시오.
악인들이 은밀하게 모의할 때에 나를 숨겨주시고,
악한 일을 저지르는 자들의 폭력에서 나를 지켜주십시오.

_ 64:1-2

시편에 다윗의 이름이 나온다 해서 모두 다윗이 지었다고 생각할 필요는 없습니다. 시편의 다윗은 '오직 하나님의 도우심만을 구하는 가난한 사람'을 대표하는 인물이라고 볼 수 있습니다. 시편을 보건대, 고대 이스라엘의 신앙인들은 자신의 삶을 다윗의 고난과 괴로움에 견주어 생각하며 노래했고, 하나님을 신뢰하며 살아갔으리라 짐작됩니다. 무수한 시편이 원수와 음모와 위협, 고통, 핍박을 다룹니다. 여기서 정말 놀라운 것은 이렇게 괴롭고 힘겨운 삶이면 포기할 만도 한데, 다윗으로 대표되는 시편 기자는 다시 하나님을 찬양하고 다시 그 괴로운 삶의 길 위에 섭니다. 그들에게는 찬양한다는 것이 그야말로 살아가는 것이었습니다.

의인은 주님께서 하신 일을 생각하면서 기뻐하고,
주님께로 피할 것이니,
마음이 정직한 사람은 모두 주님을 찬양할 것이다.
_ 64:10

저마다 지은 죄 감당하기에 너무 어려울 때에,
오직 주님만이 그 죄를 용서하여주십니다.
주님께서 택하시고 가까이 오게 하시어
주님의 뜰에 머물게 하신 그 사람은,
복이 있는 사람입니다.

_ 65:3-4

○

사람이 저지르는 죄악은 이웃에게 악을 품거나 행함으로써 서로의 관계
를 파괴하는 것입니다. 때로 사람은 자기 스스로를 파괴하고 학대하는
죄를 범하기도 합니다. 그리고 이렇게 자기 자신과 이웃과의 관계를 파
괴하는 것은 하나님의 형상대로 사람을 지으신 하나님께 거역하는 행위
입니다. 그래서 사람이 범한 죄악은 근본적으로 하나님과의 관계를 깨
뜨리는 것입니다. 우리가 악을 행해서 누군가를 괴롭히고 고통스럽게
만들었다면 그이를 찾아가서 사과하고 보상하며 용서를 구하는 것이 당
연히 먼저입니다. 그렇지만 모든 죄는 근본적으로 하나님께 범죄한 것
이기에, 하나님만이 우리 죄를 용서하신다고 말할 수 있습니다. 마치 높
은 곳에 있으면 아래가 훤히 보이듯, 높이 계신 하나님께서는 우리를 아
시고 용서하십니다.

하나님,

우리에게 은혜를 베풀어주시고,

우리에게 복을 내려주십시오.

주님의 얼굴을 환하게 우리에게 비추어주시어서, (셀라)

온 세상이 주님의 뜻을 알고 모든 민족이

주님의 구원을 알게 하여주십시오.

_ 67:1-2

시편에서 '우리'가 나올 때는 항상 공동체 전체가 연관되었음을 알려줍니다. 67편 6절을 볼 때, 아마도 이 시는 추수 감사와 같은 시기에 공동체가 함께 모여 드린 예배에서 불렀던 찬송으로 여겨집니다. 특히 3절과 5절("하나님, 민족들이 주님을 찬송하게 하시며 모든 민족들이 주님을 찬송하게 하십시오.")은 글자까지 그대로 똑같은데, 이러한 반복은 가운데 놓인 4절을 돋보이게 만듭니다. 4절은 하나님께서 땅 위의 모든 민족을 공의로 심판하고 인도하신다고 선포합니다. 그래서 이스라엘 공동체의 복은 단지 그들만의 복으로 끝나는 '민족 이기주의'가 아닙니다. 이스라엘의 복을 통해 온 세상의 나라가 하나님의 공의로운 다스리심 아래거하게 되고, 온 세상 나라가 하나님을 찬양하는 것으로 이어집니다.

그 거룩한 곳에 계신 하나님은
고아들의 아버지, 과부들을 돕는 재판관이시다.
하나님은,
외로운 사람들에게 머무를 집을 마련해주시고,
갇힌 사람들을 풀어내셔서, 형통하게 하신다.
그러나 하나님을 거역하는 사람은
메마른 땅에서 산다.

_ 68:5-6

○

68편 역시 '우리'라는 표현이 빈번하다는 점에서, 공동체의 노래임을 알 수 있습니다. 하나님께서 그 백성 앞에서 행하셔서 세상 나라의 군대를 물리치시고 이스라엘 지파들로 큰 승리를 거두게 하셨음을 기억하며 부르는 찬양입니다. 그런데 이 시편은 곳곳에서 고아, 과부, 가난한 사람을 지키고 돌보시는 하나님을 상기시킵니다. 이스라엘을 지키시는 하나님, 그리고 고아와 과부, 가난한 자를 지키시는 하나님은 같은 하나님입니다. 이를 생각할 때, 시편의 '이스라엘'은 단지 특정한 나라가 아니라, '하나님의 도우심만을 간절히 구하는 가난하고 약한 사람'을 가리킨다는 것을 납득하게 됩니다. 시편이 이스라엘의 찬양이라는 말은 시편이 가난한 자의 노래라는 말과 실제로 같은 의미라고 할 수 있습니다.

그러나 주님,

오직 주님께만 기도하오니,

하나님,

주님께서 나를 반기시는 그때에,

주님의 한결같은 사랑과 주님의 확실한 구원으로

나에게 응답하여 주십시오.

　_ 69:13

온유한 사람들이 보고서 기뻐할 것이니,
하나님을 찾는 사람들아,
그대들의 심장에 생명이 고동칠 것이다.
주님은 가난한 사람의 소리를 들으시는 분이므로,
갇혀 있는 사람들을 모르는 체하지 않으신다.
_ 69:32-33

저주 기도와 찬양이 함께 놓일 수 있는 까닭은 그가 제 손으로 보복하거나 제 손으로 앙갚음하는 자가 아니기 때문일 겁니다. 저주 기도를 한다고 해서 당장 현실이 바뀌지는 않습니다. 놀랍게도 그토록 핍박을 받고 억울한 일을 당하던 시인은 하나님께서 마침내 정의를 이루실 것을 신뢰하며 하나님을 찬양합니다. 대적에게 당한 분노와 원한 가운데 자신을 파괴하며 살아가는 것이 아니라, 하나님께서 정의를 행하셔서 악을 심판하시기를 구하며 하나님을 찬양합니다. 그래서 저주의 기도는 가난하고 억울한 이들로 하여금 끝까지 정의를 포기하지 않게 하며, 원한에 사로잡혀 또 다른 악을 행하는 자로 변하지 않도록 붙들어줍니다.

그러나 불쌍하고 가난한 이 몸,
하나님,
나에게로 빨리 와주십시오.
주님은 나를 도우시는 분,
나를 건져주시는 분이십니다.
주님, 지체하지 마십시오.
_ 70:5

기도 응답은 정말로 확인하기 어려운 경우가 많습니다. 하지만 시편이 수천 년의 세월을 넘어 널리 읽히는 까닭은 이렇게 기도했더니 응답받았더라는 점 때문은 아닐 겁니다. 이 짧은 70편에서도 사람들에게 조롱과 위협을 당하는 시편 기자의 괴로움, 불쌍하고 가난한 이의 간절한 기도가 잘 드러납니다. 누구도 알아주지 않는 괴로움과 고통, 위협과 차별, 따돌림을 겪을 때, 수많은 사람들이 시편에서 자신이 하고 싶은 말, 자신의 괴로움을 표현하는 말을 찾았습니다. 이렇게 자신의 마음과 생각을 표현할 언어를 발견했을 때, 사람들은 그 괴로움과 고통에서 한 걸음 더 나아갈 힘을 얻을 뿐 아니라 새로운 삶을 살 수 있습니다. 이렇게 새로운 삶으로 한 걸음 나아가게 되는 것도 응답이 아닐까요?

주님께서 비록 많은 재난과 불행을 나에게 내리셨으나,

주님께서는 나를 다시 살려주시며, 땅 깊은 곳에서,

나를 다시 이끌어내어 주실 줄 믿습니다.

주님께서는 나를 전보다 더 잘되게 해주시며,

나를 다시 위로해주실 줄을 믿습니다.

_ 71:20-21

하나님은, 마음이 정직한 사람과

마음이 정결한 사람에게 선을 베푸시는 분이건만,

나는 그 확신을 잃고 넘어질 뻔했구나.

그 믿음을 버리고 미끄러질 뻔했구나.

그것은,

내가 거만한 자를 시샘하고,

악인들이 누리는 평안을 부러워했기 때문이다.

_ 73:1-3

157

주님을 멀리하는 사람은 망할 것입니다.

주님 앞에서 정절을 버리는 사람은,

주님께서 멸하실 것입니다.

하나님께 가까이 있는 것이 나에게 복이니,

내가 주 하나님을 나의 피난처로 삼고,

주님께서 이루신 모든 일들을 전파하렵니다.

_ 73:27-28

73편 1절은 하나님께서 마음이 정직하고 정결한 사람에게 선을 베푸신
다고 말합니다. 여기에서 "선을 행하다"라는 단어가 마지막 28절에서는
'복'이라고 번역되었습니다. 1절만 보면 언뜻 의롭고 올바른 이는 하나님
께서 주시는 복을 이 땅에서 누릴 것이라 생각되지만, 73편은 그러한 의
인에게 도리어 고통과 괴로움이 있음을 보여줍니다. 악인은 사는 동안,
그리고 죽는 순간까지 평안한 것 같습니다. 시인은 하나님의 뜻이 무엇
인지 알고자 몸부림치다가 마침내 "하나님께 가까이하는 것", 하나님을
알고 그분을 경외하고 노래하며 살아가는 것이야말로 복임을 깨달았습니
다. 이 땅에서 넘쳐나는 부귀영화가 복이 아니라, 하나님을 알고 가까
이하며 살아가는 인생이 복이라는 것입니다.

땅의 그늘진 곳마다, 구석구석,

폭력배의 소굴입니다.

주님께서 세워주신 언약을 기억하여주십시오.

억눌린 자가 수치를 당하고 물러가지 않게 해주십시오.

가련하고 가난한 사람이

주님의 이름을 찬송하게 해주십시오.

_ 74:20 -21

주님께서 하늘에서 판결을 내리셨을 때에,
온 땅은 두려워하며 숨을 죽였습니다.
주님께서는 이렇게 재판을 하시어,
이 땅에서 억눌린 사람들을 구원해주셨습니다. (셀라)
진실로, 사람의 분노는 주님의 영광을 더할 뿐이요,
그 분노에서 살아남은 자들은
주님께서 허리띠처럼 묶어버릴 것입니다.

_ 76:8-10

고대 이스라엘에서 왕의 가장 중요한 직무 가운데 하나가 재판입니다. 사람들이 각자 자신의 이익을 추구하거나 그 사이에 갈등이 생기면, 제 3자를 찾아와 재판을 요구하기 마련입니다. 특히 가난하고 약한 사람들은 그러한 갈등에서 피해를 보고 억압당하기 쉽습니다. 그럴 때 이들은 왕에게 찾아와 정의의 재판을 구합니다. 하나님이 왕이시라는 말은 하나님이야말로 온 세상의 참된 재판장이심을 의미합니다. 하나님 앞에서는 사람의 외모나 세력, 부귀도 소용없습니다. 하나님 앞에서는 가난한 자나 힘 있는 자나 그저 동등한 사람입니다. 그래서 주님의 재판은 가난한 자의 희망이며, 가난한 이들은 마침내 이루어질 하나님의 마지막 날 재판을 기다립니다.

하나님,

주님의 길은 거룩합니다.

하나님만큼 위대하신 신이 누구입니까?

주님은 기적을 행하시는 하나님이시니,

주님께서는 주님의 능력을 만방에 알리셨습니다.

_ 77 : 13 - 14

우리는 이웃에게 조솟거리가 되고,

주변 사람들에게 조롱거리와 웃음거리가 되었습니다.

주님, 언제까지입니까? 영원히 노여워하시렵니까?

언제까지 주님의 진노하심이 불길처럼 타오를 것입니까?

_ 79:4-5

79편은 기본적인 주제와 내용이 74편과 매우 비슷합니다. 아마도 79편 역시 바벨론에 의한 예루살렘 멸망과 같은 어떤 민족적 재앙과 참상을 배경으로 했을 것이라 추측됩니다. 바벨론에 포로로 끌려간 이들이 있는가 하면, 그때 끌려가지 않고 유대 땅에 남았던 이들도 있는데, 그들이 처한 상황을 생각해보면 이 시의 내용을 더 생생하게 이해할 수 있습니다. 이스라엘이 하나님께 거역하고 불순종해서 결국 성전이 파괴되고 나라가 망했으며 공동체에 큰 어려움이 닥쳤습니다. 이 시편은 그러한 참상을 하나님의 진노로 해석합니다. 그렇지만 79편은 낙심하고 체념하며 현재 주어진 현실을 당연한 것으로 받아들이는 것이 아니라, 그런 상황에서도 하나님의 긍휼과 이름을 되새기며 도우심을 구합니다.

우리를 구원하여주시는 하나님,
주님의 영광스러운 이름을 생각해서라도
우리를 도와주십시오.
주님의 명성을 생각해서라도 우리를 건져주시고,
우리의 죄를 용서하여주십시오.

_ 79:9

○

예배 중에 부르는 노래에는 당연히 개인이 주인공으로 등장하는 것이 있는 가 하면, '우리'로 표현되는 공동체가 중심인 것도 있습니다. 개인이라 하지 만 사실 어떤 시편이 널리 불리고 전해졌다는 것은 그 개인의 표현에 수많 은 이들 또한 공감했기 때문이므로 단순히 개인적이라고만 보기는 어렵습 니다. 아울러 '우리'가 등장하는 '공동체 시'가 시편에, 특히 '아삽의 시'에 많 은데, 이 또한 아삽에 어떤 초점이 있다기보다는 시편에 이와 같은 공동체 시를 많이 보존했다는 데 초점이 있습니다. 개인의 기쁨과 불행은 그저 개 인의 문제가 아니라 공동체 전체에 일어난 상황과 연관되기 마련입니다. 공동체 전체가 불행한데 나 홀로 행복할 수는 없겠지요. 그래서 이러한 공 동체 시를 읽으면서 공동체가 어떤 상황에 처했는지, 또 하나님께 무엇을 구하는지 세심하게 살펴보면 좋습니다.

주님의 오른쪽에 있는 사람,

주님께서 몸소 굳게 잡아주신 인자 위에,

주님의 손을 얹어주십시오.

그리하면 우리가 주님을 떠나지 않을 것이니,

주님의 이름을 부를 수 있도록 우리에게 새 힘을 주십시오.

_ 80:17-18

아삽의 시들은 대부분 '공동체 시'입니다. 이와 같은 기도문들이 시편집 3권에 집중적으로 모여 있습니다. 아마도 이 시들은 성전과 같은 곳에서 왕과 모든 백성의 대표들이 모인 어떤 제사나 모임 같은 의식에서 불리고 낭독되었을 것입니다. 나라에 닥친 위험을 하나님 앞에 아뢰면서 모든 백성이 온 맘 다해 하나님의 도우심을 구했습니다. 80편의 3절과 7절, 19절은 반복되는 후렴입니다. 나머지 내용은 세 구절이 동일하지만, 3절에서는 '하나님', 7절에서는 '만군의 하나님', 그리고 19절에서는 '주 만군의 하나님'이 각각 쓰였습니다(새번역 성경에서는 19절에서 제일 먼저 등장하는 '주'라는 말을 옮기지 않고 뺐습니다). 하나님의 이름을 갈수록 강조해서 표현한 이 후렴구는 오직 하나님만이 구원이심을 명확히 보여줍니다. 힘이 강하고 부귀해서 이기는 것이 아니라, 오직 하나님을 신뢰할 때 승리할 수 있습니다.

나의 하나님,

그들을, 바람에 굴러가는

엉겅퀴와 쭉정이와 같게 해주십시오.

산림을 태우는 불길처럼, 산들을 삼키는 불꽃처럼,

주님의 회오리바람으로, 그들을 쫓아내어 주십시오.

주님의 폭풍으로, 그들이 두려움에 떨게 해주십시오.

  _ 83:13-15

○

개인의 저주시와 마찬가지로, 공동체의 저주시 역시 기본적으로는 하나
님을 향한 기도입니다. 주님의 원수로 불리는 이방 민족은 이스라엘을
없애버리고 아예 땅 위에서 그 이름을 지워버리려고 꾸밉니다(4절). 이
렇게 이스라엘을 없앨 궁리를 할 수 있는 까닭은 그럴 만하기 때문, 즉
이스라엘이 약해서 침공하면 무너뜨리고 짓밟을 수 있기 때문일 겁니
다. 그러므로 나라와 나라, 민족과 민족이 배경에 있지만, 근본적으로는
약자 짓밟기가 놓여 있다고 볼 수 있습니다. 함께 모인 다수의 위협 앞에
서 이스라엘은 오직 하나님의 도우심을 구하고 하나님께서 적들을 심판
해주시기를 구합니다.

주님의 집 뜰 안에서 지내는 하루가
다른 곳에서 지내는 천 날보다 낫기에,
악인의 장막에서 살기보다는,
하나님의 집 문지기로 있는 것이 더 좋습니다.
 _ 84:10

사랑과 진실이 만나고,

정의는 평화와 서로 입을 맞춘다.

진실이 땅에서 돋아나고,

정의는 하늘에서 굽어본다.

주님께서 좋은 것을 내려주시니,

우리의 땅은 열매를 맺는다.

정의가 주님 앞에 앞서가며,

주님께서 가실 길을 닦을 것이다.

_ 85:10-13

내가 온종일 주님께 부르짖습니다.

주님, 나에게 은혜를 베풀어주십시오.

주님, 내가 진심으로 주님을 우러러봅니다.

주님의 종의 마음을 기쁨으로 가득 채워주십시오.

_ 86:3-4

시편의 다윗은 오히려 임금이라기보다는 가난하고 궁핍한 사람의 대명사라고 할 수 있습니다. 다윗이 두고두고 기념되고 기억되는 까닭, 그리고 고대 이스라엘 예배에서 불렀던 찬송과 기도에 다윗의 이름이 부착된 까닭은 그의 영광스러움 때문이 아닙니다. 그가 오직 하나님의 도우심과 은혜만을 구하며 살아간 사람으로 여겨지기 때문입니다. 그래서 시편은 '다윗의 기도'지만, 이 표현의 실질적인 의미는 '시편은 가난한 자의 기도, 가난한 자의 노래'입니다. 세력을 쌓고 강한 힘과 부를 축적해 누구도 자신을 무시하거나 함부로 대하지 못하게 하는 개인이나 집단이 있는가 하면, 다윗으로 대표되는 하나님의 사람은 자신에게 있는 그 무엇이 아니라 자신을 지키고 도우시는 하나님으로 인해 든든하며 안전한 이들입니다.

그러나 주님,

주님은 자비롭고 은혜로우신 하나님이시요,

노하기를 더디 하시며, 사랑과 진실이 그지없으신 분이십니다.

내게로 얼굴을 돌려주시고, 내게 은혜를 베풀어주십시오.

_ 86:15-16

하나님의 도우심을 구하는 무수한 시에서 시편 기자가 실제로 겪는 곤경이 무엇인지는 잘 드러나지 않습니다. '오만한 자'와 '난폭한 무리'를 언급하는 14절을 볼 때, 아마도 시편 기자는 많은 것을 가진 거칠고 오만한 이들로 인해 어려움을 겪고 있으리라 여겨집니다. 그들의 세력에 비해 시편 기자는 가난하고 궁핍했으니, 모욕과 조롱을 당하고 온갖 험담과 비웃음도 당했을 것입니다. 그래서 시편 기자가 구하는 '은혜'는 하나님께서 그의 억울함을 벗겨주시고 그가 당하는 모욕으로부터 건져주시는 것이라 생각할 수 있습니다. 어쩌면 그는 병에 걸려 고생했을 수도 있고, 경제적인 어려움으로 인해 힘겨웠을 수도 있습니다. 하나님의 '은혜'는 그러한 어려움으로부터 건져주심을 의미하기도 합니다. 이 모든 것의 핵심에는 오직 하나님의 도우심만을 구하는 이를 향한 하나님의 사랑이 있습니다.

고통으로 나는 눈마저 흐려졌습니다.
주님, 내가 온종일 주님께 부르짖으며,
주님을 바라보면서,
두 손을 들고 기도하였습니다.

  _88:9

88편은 시편 전체에서 가장 특이한 시 가운데 하나입니다. 시편에서 괴
로움을 호소하며 하나님의 도우심을 구하는 탄식의 시가 많지만, 대부
분 하나님의 건지심을 신뢰하며 찬송하는 내용으로 끝납니다. 그러나
유일하게 88편은 처음부터 마지막까지 자신에게 임한 고통과 삶의 참담
함을 토로합니다. 그야말로 이 시는 극심한 고통 가운데 있는 인생을 보
여줍니다. 죽은 자들이 가는 스올을 비롯해 죽음의 위협이 이 시에 무수
하게 등장합니다. 그는 살아 있지만 죽은 것이나 다름없습니다. 정도의
차이는 있겠지만, 오늘을 살아가는 이들 역시 '살아도 산 것 같지 않은
순간'을 겪습니다. 시편 기자의 이 절절한 기도는 하나님 외에 달리 살
길이 없는 우리 인생을 보여줍니다. 참으로 시편은 가난한 자의 기도, 곤
고한 인생의 기도입니다.

주님의 팔에 능력이 있으며
주님의 손에는 힘이 있으며,
주님의 오른손은 높이 들렸습니다.
정의와 공정이 주님의 보좌를 받들고,
사랑과 신실이
주님을 시중들며 앞장서 갑니다.
_ 89:13-14

정의와 공정이 하나님의 보좌를 받든다는 것은 왕이신 하나님께서 온 세상을 다스리실 때 그 다스림의 기초가 정의와 공정임을 뜻합니다. 왕이 행차할 때 신하들이 시립해 앞장서듯이, 왕이신 하나님께서 행하실 때 언제나 사랑과 신실로 행하십니다. 정의와 공정, 사랑과 신실은 구약성경 곳곳에서 하나님의 다스리심의 핵심으로 언급됩니다(예, 시 85:10; 97:2; 렘 9:24). 하나님이 온 세상의 왕이시라는 것은 단순히 하나님이 최고라는 뜻이 아니라, 그분께서 다스리는 세상이 정의와 공정, 사랑과 신실의 세상임을 증언합니다. 그래서 하나님을 우리 왕으로 고백한다는 것은 사랑과 정의의 세상을 추구하고 따르겠다는 선언이기도 합니다.

185

주님, 돌아와 주십시오.

언제까지입니까?

주님의 종들을 불쌍히 여겨주십시오.

아침에는 주님의 사랑으로 우리를 채워주시고,

평생토록 우리가 기뻐하고 즐거워하게 해주십시오.

우리를 괴롭게 하신 날 수만큼,

우리가 재난을 당한 햇수만큼,

우리에게 즐거움을 주십시오.

_ 90:13-15

가장 높으신 분의 보호를 받으면서 사는 너는,
전능하신 분의 그늘 아래 머무를 것이다.
나는 주님께 "주님은 나의 피난처, 나의 요새,
내가 의지할 하나님"이라고 말하겠다.

_ 91:1-2

91편을 들여다보면 하나님을 믿는 사람이 사냥꾼의 덫에 빠지고 죽을병에 걸리기도 하며(3절), 밤에 찾아드는 공포와 낮에 날아드는 화살도 있다(5절)는 것을 알 수 있습니다. 날아드는 화살이 없어 행복한 것이 아니라, 화살이 날아드는데도 두렵지 않다는 것이 이 시의 내용입니다. 덫에 빠지는 일이 아예 없게 하시는 것이 아니라, 덫에 빠졌을 때 빼내주신다고 하나님께서는 약속하십니다. 그래서 하나님을 믿는 이가 어려움도 겪고, 함정에 빠지기도 하고, 심지어 죽을병에 걸리기도 합니다. 그렇지만 하나님께서 함께하고 보호하신다는 약속으로 인해, 어려움을 극복할 수 있습니다. 때로 공포가 밀어닥쳐도 안전한 길을 선택하는 것이 아니라, 옳다 하는 길을 꿋꿋이 걸어갈 수 있기도 합니다. 아무 위험도 없는 안전한 삶이 하나님의 보호라면, 그 사람은 어떤 재앙도 이겨낼 수 없는 약한 존재가 되고 말 것입니다. 그러나 하나님의 도우심을 굳게 신뢰할 때 그 어떤 어려움도 그를 넘어뜨리지 못할 것입니다.

189

주님은 나의 요새,

나의 하나님은 내가 피할 반석이시다.

그들의 죄를 그들에게 물으시며, 그 악함을 벌하셔서,

그들을 없애버리실 것이다.

주 우리 하나님께서 그들을 없애버리실 것이다.

_94:22-23

새 노래로 주님께 찬송하여라.
주님은 기적을 일으키는 분이시다.
그 오른손과 그 거룩하신 팔로
구원을 베푸셨다.

_ 98:1

'기적'은 '기이한 일'로도 옮길 수 있습니다. 대개 초자연적인 어떤 일을 두고 '기적'이라고 부르지만, 성경에서 '기적' 혹은 '이적' 같은 표현은 '상식과 고정관념을 뛰어넘는 일'을 가리키기도 하고, '하나님의 뜻이 드러난 사건'을 가리키기도 합니다. 98편 역시 4권에 속한 시답게 하나님께서 온 땅을 다스리며 심판하신다고 선언합니다(9절). 그러한 하나님의 심판은 정의와 공정을 따라 이루어집니다. 오직 하나님을 의지했던 이스라엘을 하나님께서는 뭇 나라들이 보는 앞에서 건지시며, 그들에게 인자와 성실을 베푸십니다. 이와 같은 시편에 등장하는 이스라엘은 나라가 망하고 이방 땅에 포로로 끌려가기도 했던, 흩어지고 약해진 공동체입니다. 누구라도 업신여기고 짓밟을 수 있는 상태인데, 놀랍게도 하나님께서는 이렇게 약해진 이스라엘을 강한 나라 앞에서 건지고 구원하십니다. 그것이 하나님의 정의입니다. 하나님께서 행하신 기적은 약한 나라를 구원하시는 것, 크고 강하고 힘센 나라가 아니라 이렇게 약한 백성을 온 땅의 하나님께서 건지심으로 그분의 정의를 드러내시는 것을 가리킵니다.

주님, 내 기도를 들어주시고,
내 부르짖음이 주님께 이르게 해주십시오.
내가 고난을 받을 때에, 주님의 얼굴을 숨기지 마십시오.
내게 주님의 귀를 기울여주십시오.
내가 부르짖을 때에, 속히 응답하여주십시오.
_ 102:1-2

102편은 첫머리 부제에서 보듯, "가련한 사람이 고난을 받을 때에, 자신의 고민을 주님께 토로하는 기도"입니다. 우리 삶이 괴롭고 힘겨우며 하루하루를 버티는 것이 버거워질 때, 102편을 읽으면서 주 예수님께 기도하면 좋겠습니다. 특히 이 시는 개인의 괴로움과 고통에 대한 호소와 더불어 하나님께서 시온을 긍휼히 여겨주시기를 구하는 기도 또한 담고 있습니다(13-22절). 나의 문제는 내가 속한 공동체 전체의 문제와 결부되어 있습니다. 나와 내 가족만 행복하다고 될 일이 아니라, 우리와 함께 살아가는 이웃의 삶도 좋아져야 합니다. 그래서 이 기도는 나 자신의 괴로움에만 잠겨 있을 것이 아니라, 그럴 때일수록 우리 이웃과 나라 전체를 생각하며 기도하도록 이끕니다.

주님은 언제나 한결같습니다.
주님의 햇수에는 끝이 없습니다.
주님의 종들의 자녀는 평안하게 살 것이며,
그 자손도 주님 앞에 굳건하게 서 있을 것입니다.
 _ 102:27-28

주님은, 들짐승들이 뜯을 풀이 자라게 하시고,
사람들이 밭갈이로 채소를 얻게 하시고,
땅에서 먹거리를 얻게 하셨습니다.
사람의 마음을 즐겁게 하는 포도주를 주시고,
얼굴에 윤기가 나게 하는 기름을 주시고,
사람의 힘을 북돋아주는 먹거리도 주셨습니다.
_ 104:14-15

시편 기자는 하늘을 보고 땅을 보며, 바다를 보고 산과 골짜기를 보며, 그 곳곳에서 하나님의 손길과 행하심을 발견하며 노래합니다. 때로 우리도 하늘의 구름을 보며 마치 살아 있는 것처럼 느끼기도 하고, 가을날 지나치는 꽃들이 우릴 보고 인사하는 듯한 느낌을 받을 때가 있지 않습니까? 시편 기자는 온 세상을 바라보며 하나님께서 이 모든 세상을 그 자체로 아름답고 풍성하게 지으셨음을 깨닫고 노래합니다. 믿음의 눈으로 세상을 바라볼 때 시편 기자는 하나님을 찬양합니다. 그저 과학적이고 합리적인 눈으로 바라보기만 할 것이 아니라, 꽃과 짐승과 하늘을 보며 하나님의 손길을 발견하도록 이 시는 우리를 초대합니다. 분주히 걸어가는 것이 아니라 멈춰 서서 하늘도 보고 바다도 보며 노래하는 삶으로 초대합니다. 무엇인가를 이루어서가 아니라, 이렇게 노래하며 기뻐할 때 우리 삶은 충만해집니다.

주님,

주님께서 손수 만드신 것이

어찌 이리도 많습니까?

이 모든 것을 주님께서 지혜로 만드셨으니,

땅에는 주님이 지으신 것으로 가득합니다.

_ 104:24

할렐루야.

주님께 감사하여라.

그는 선하시며,

그 인자하심이 영원하다.

주님의 능력으로 이루신 일을 누가 다 알릴 수 있으며,

주님께서 마땅히 받으셔야 할 영광을 누가 다 찬양할 수 있으랴?

공의를 지키는 이들과 언제나 정의를 실천하는 이들은 복이 있다.

_ 106:1-3

할렐루야는 구약에서 오직 시편에서만 나옵니다. 특히 104편 마지막 구절인 35절에 처음 쓰였고, 105편 마지막 구절(45절), 그리고 106편 첫머리와 마지막(1, 48절)에 사용되었으며, 시편집 5권에는 매우 많이 쓰였습니다. 이 표현은 "너희는 하나님을 찬양하라"를 의미하는데, 예배 가운데 하나님의 하나님 되심을 기억하며 높일 때 이렇게 외쳤습니다. 기쁘고 감사할 때 "할렐루야"는 나의 모든 잘됨이 하나님의 은혜임을 기억하게 하면서, 모두 내 것이 아니라 하나님께서 주신 것임을 기억하게 하고 이웃과 나누게 합니다. 힘겹고 어려울 때 "할렐루야"는 어떤 상황에서도 내 삶의 주인은 하나님이심을 기억하게 하고, 당장 모든 것이 이해되지 않더라도 낙심하지 않고 또 한 걸음을 걸어가게 합니다.

주님께 감사드려라.

그는 선하시며,

그의 인자하심이 영원하다.

주님께 구원받은 사람들아,

대적의 손에서 구원받은 사람들아,

모두 주님께 감사드려라.

_ 107:1-2

"선하다"로 옮겨진 히브리어의 가장 기본적인 의미는 "좋다"입니다. "주님이 선하시다"는 것은 달리 말해 "주님은 좋으시다"(God is good)입니다. 좋은 날도 있고 나쁜 날도 있지만, 하나님은 좋으신 분, 선하신 분이니, 그 백성을 좋게 하실 것입니다. '인자하심'으로 옮긴 히브리어는 '상대를 향한 자발적인 사랑'이라는 기본적인 의미를 지닙니다. 주님께서는 언약을 맺은 그 백성을 언제나 기억하실 것입니다. 그래서 이 단어는 종종 '자비'나 '긍휼'로도 번역되고, '신실함'이라는 의미를 지니기도 합니다.

정직한 사람에게는

어둠 속에서도 빛이 비칠 것이다.

그는 은혜로우며, 긍휼이 많으며, 의로운 사람이다.

은혜를 베풀면서 남에게 꾸어주는 사람은

모든 일이 잘될 것이다.

그런 사람은 일을 공평하게 처리하는 사람이다.

그런 사람은 영원히 흔들리지 않을 것이다.

의로운 사람은 영원히 기억된다.

_ 112:4-6

주님,
주님께서 나의 간구를 들어주시기에,
내가 주님을 사랑합니다.
나에게 귀를 기울여주시니,
내가 평생토록 기도하겠습니다.
_ 116:1-2

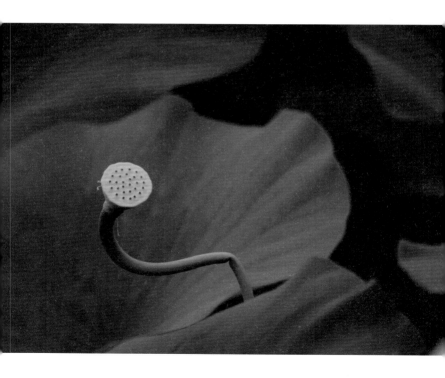

"하나님께서 나의 간구를 들어주시니 내가 사랑합니다. 계속 기도하겠습니다"라는 고백은 온 세상을 지으시고 다스리시는 하나님이 나 개인과 특별한 관계 안에 있는 분이 되셨다는 의미로 이해할 수 있습니다. 믿음으로 기도한다 해서 모든 기도가 다 우리 뜻대로 이루어지지는 않습니다. 그러나 나의 기도를 하나님께서 들으시는 몇 번의 경험은 온 세상의 주님을 '나의 주님'으로 깨닫고 고백하게 합니다. 그래서 때로 우리의 기도가 응답되지 않더라도 우리는 주님을 신뢰하며 또 한 걸음 걸어갈 수 있고, 힘겹고 버거운 현실을 마주 대할 수 있는 용기도 생깁니다.

주님은 내 편이시므로,

나는 두렵지 않다.

사람이 나에게 무슨 해를 끼칠 수 있으랴?

주님께서 내 편이 되셔서 나를 도와주시니,

나를 미워하는 사람이 망하는 것을 내가 볼 것이다.

_ 118:6-7

집 짓는 사람들이 내버린 돌이,
집 모퉁이의 머릿돌이 되었다.
이것은 주님께서 하신 일이니,
우리의 눈에는 기이한 일이 아니랴?
이날은 주님이 구별해주신 날,
우리 모두 이날에 기뻐하고 즐거워하자.
_ 118:22-24

"주님이 구별해주신 날"(24절)은 주님께서 부르짖는 자의 기도를 들으신
날이며, 그를 위해 구원을 베푸신 날입니다(21절). 시인에게는 고난이
있었습니다(5절). 그리고 많은 사람이 그를 둘러싸고 힘겹게 했습니다
(10-12절). 시인은 매우 중요하고 특별해서 많은 사람이 주목하는 그런
이가 아니라, 마치 집을 지을 때 필요 없어서 버리는 돌과 같은 존재였는
데, 놀랍게도 하나님께서는 그런 시인을 들어서 가장 요긴하고 중요한
자리에 두셨습니다(22절). "낮고 약한 이를 들어 존귀하고 중요하게 하
시는 하나님"은 시편에서 줄기차게 반복되는 핵심 주제입니다. 시인은
자신의 삶에서 그와 같은 하나님의 은혜를 경험했습니다. "주님이 구별
해주신 날"은 바로 그런 날, 약한 자로 존귀하게 하신 날, 밑바닥에 있던
이를 세우셔서 아름답게 하신 날입니다. 그러니 그날에 기뻐하고 즐거
워하는 일이 빠질 수 없겠지요.

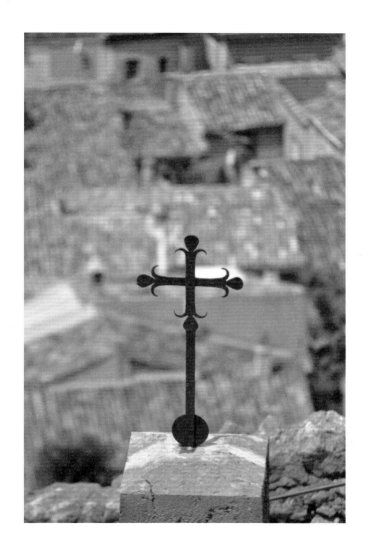

그 행실이 온전하고
주님의 법대로 사는 사람은, 복이 있다.
주님의 증거를 지키며 온 마음을 기울여서
주님을 찾는 사람은, 복이 있다.

_ 119:1-2

176절로 이루어진 시편 119편은 신구약을 통틀어 성경 전체에서 가장 긴 장입니다. 119편의 주제는 1절에 제시된 대로 '주님의 법대로 사는 복된 삶'입니다. 이렇게 '주님의 법', 달리 '율법'에 대해 노래하는 시는 시편에 1편, 19편, 119편 이렇게 세 편이 있습니다. 시편집 4권(90-106편)이 노래하는 주제가 "주 하나님께서 다스리신다"였으니, 이어지는 시편집 5권(107-150편)의 주제가 "할렐루야", 즉 "주님을 찬양하라"인 것은 당연할 겁니다. 그렇게 주님의 다스리심을 신뢰하며 찬송하는 사람의 일상은 어떤 모습일까요? 그 일상의 중심에 바로 '주님의 법'을 묵상하며 실천하는 삶이 있습니다. 119편이 시편집 5권에 배열된 것도 그렇게 "할렐루야 찬송을 부르며 일상에서 주님의 법을 따르라"고 말하고 싶었기 때문일 것입니다.

주님의 교훈을 따르는 이 기쁨은,
큰 재산을 가지는 것보다 더 큽니다.
나는 주님의 법을 묵상하며, 주님의 길을 따라가겠습니다.
주님의 율례를 기뻐하며, 주님의 말씀을 잊지 않겠습니다.

_ 119:14-16

119편의 또 다른 특징은 176개의 절 거의 모두에 '주님의 법'을 가리키는 다양한 표현이 등장한다는 점입니다. 그러한 표현으로는 법, 증거, 길, 법도, 율례, 계명, 판단, 말씀, 교훈, 약속, 심판, 규례 등이 있습니다. 90절과 121절의 경우 그와 직접적으로 연관된 표현은 없지만, 90절에서는 '주님의 성실하심', 121절에서는 '공의와 정의'가 주님의 법의 특징을 표현했다고 볼 수 있습니다. 122절에는 그런 단어가 없지만, 돕겠다고 '약속하다'라는 동사가 그 역할을 암시합니다. 그리고 132절에서는 "주님의 이름을 사랑하는 사람에게 하시듯이"로 번역되어 있는데, 119편 다른 곳에서 '판단'(예, 7절), '규례'(예, 13절)로 옮겨진 히브리어가 '관례' 같은 의미로 이해되어 '하시듯이'로 번역되었습니다. 결국 119편 전체는 '주님의 법'을 노래하는 시입니다.

나를 도우셔서,

주님의 법도를 따르는 길을

깨닫게 해주십시오.

주님께서 이루신 기적들을 묵상하겠습니다.

내 영혼이 깊은 슬픔에 빠졌으니,

주님께서 약속하신 대로,

나에게 힘을 주십시오.

_ 119:27-28

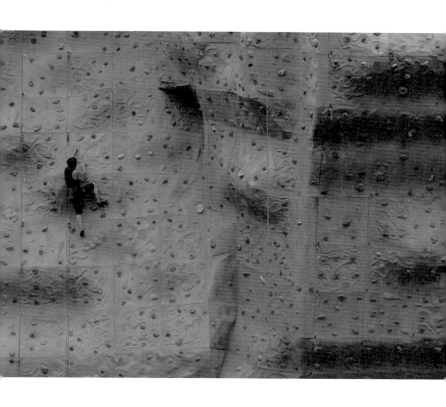

고난을 당한 것이, 내게는 오히려 유익하게 되었습니다.

그 고난 때문에, 나는 주님의 율례를 배웠습니다.

주님께서 나에게 친히 일러주신 그 법이,

천만 금은보다 더 귀합니다.

주님께서 손으로 몸소 나를 창조하시고, 나를 세우셨으니,

주님의 계명을 배울 수 있는 총명도 주십시오.

_ 119:71-73

누구나 자기 삶에 고난이 없기를 바라지만, 우리 삶에는 반드시 고난이 있습니다. 중요한 것은 그 고난을 견뎌내고 이해하는 태도와 방식입니다. 특히 시편에서는 이제껏 무수하게 많은 시들이 심한 고난 속에서 하나님께 부르짖는 탄식을 중심 내용으로 삼았습니다. 고난을 겪으면서 우리는 자신이 누리는 넉넉함 때문에 하나님을 신뢰하는지, 아니면 어려움에도 불구하고 하나님을 신뢰하는지 스스로의 신앙을 돌아보게 됩니다. 고난에도 불구하고 하나님을 신뢰하는 것을 배울 때, 고난에도 불구하고 옳은 일을 포기하지 않을 수 있습니다. 고난을 겪지 않고서는 다른 이들의 고난을 거의 이해할 수 없을 것입니다. 그래서 고난을 겪으면 다른 사람을 이해하고 사랑하는 힘을 얻기도 합니다.

나는 주님의 종이니,

주님의 증거를 알 수 있도록

나를 깨우쳐주십시오.

그들이 주님의 법을 짓밟아버렸으니,

지금은 주님께서 일어나실 때입니다.

_ 119:125-126

119편에서 '주님의 증거'가 17번 나옵니다. 119편에 '주님의 법'을 가리키는 여러 단어가 거의 모든 절마다 쓰였습니다. 그 가운데 하나가 '주님의 증거'입니다. '증거'라는 말은 법정 혹은 재판과 연관된 표현으로, 어떤 사건을 판단하게 하는 결정적인 근거를 가리킵니다. 이 표현이 구약성경에서는 주님의 말씀을 가리키는 것으로 매우 빈번하게 쓰입니다. 이를 통해 주님의 말씀은 주님께서 책임지고 알리신 내용이며, 확실하고 견고하다는 점을 보여줍니다. 사건을 판단할 때 증거에 기반을 둬야 하듯이, 우리의 모든 삶은 주님께서 일러주신 증거, 그 법을 따라 이루어져야 합니다.

주님의 공의로운 규례들을 생각하면서,
내가 하루에도 일곱 번씩 주님을 찬양합니다.
주님의 법을 사랑하는 사람에게는
언제나 평안이 깃들고,
그들에게는 아무런 장애물이 없습니다.

_ 119:164-165

성경에서 숫자 7은 완전, 충만 같은 상징적인 의미를 지니며, 그래서 '하나님의 행하심'을 뜻하기도 합니다. 나팔 부는 일곱 제사장을 중심으로 여리고 성을 7일 동안 돌되, 일곱째 날에는 일곱 바퀴를 돌라는 명령(수 6:1-7)에는 숫자 7이 반복되는데, 이를 통해 전쟁의 승패가 전적으로 하나님께 달려 있으니 하나님의 명령을 온전히 믿고 순종할 것을 말합니다. 그렇다면 하루에 일곱 번 주님을 찬양한다는 표현은 하루 종일 주님을 찬양한다는 의미일 것이며, 삶의 모든 순간에 주님을 신뢰하겠다는 의미라고 볼 수 있습니다. 기쁠 때도, 힘겨울 때도 주의 계명을 기억하며 주의 법을 따라 살겠다는 고백이 일곱 번 주님 찬양에 담겨 있습니다.

주님,

나의 부르짖음이 주님 앞에 이르게 해주시고,

주님의 말씀으로 나를 깨우쳐주십시오.

나의 애원이 주님께 이르게 해주시고,

주님께서 약속하신 말씀대로 나를 건져주십시오.

_ 119:169-170

주님은 너를 지키시는 분,
주님은 네 오른쪽에 서서,
너를 보호하는 그늘이 되어주시니,
낮의 햇빛도 너를 해치지 못하며,
밤의 달빛도 너를 해치지 못할 것이다.
주님께서 너를 모든 재난에서 지켜주시며,
네 생명을 지켜주실 것이다.

_ 121:5-7

○

120편에서 134편에 이르는 15개의 시에는 모두 같은 부제가 첫머리에 붙어 있어서 흔히 '순례시'라고 부릅니다. 이스라엘의 중요한 절기에 모든 이스라엘은 예루살렘 성전에 와야 했기에, 이 절기를 가리켜 '순례 절기'라고 부릅니다. 이 순례 길을 오가면서, 혹은 마침내 예루살렘 성전에 도착해서, 또는 성전을 떠나면서 그들이 주고받으며 불렀던 시가 이러한 순례시였을 것이라고 여겨집니다. 이 시들은 무척 다양한 내용으로 되어 있지만, 기본적으로 성전, 즉 시온이라는 주제를 공통으로 지닙니다. 훗날 예루살렘이 멸망한 후 바빌론과 같은 이방 민족의 땅에 흩어져 살게 된 이스라엘 역시 이 시들을 기억하고 부르면서 시온을 기억했습니다. 시온을 기억한다는 것, 시온의 성전으로 가는 길을 기억한다는 것은 주 하나님이야말로 어디서든 그들을 지키고 보호하시는 분이심을 기억하는 것입니다.

주님,
선한 사람과 그 마음이 정직한 사람에게
은혜를 베풀어주십시오.
주님,
비틀거리면서 굽은 길을 가는 자를 벌하실 때에,
악한 일을 하는 자도 함께 벌 받게 해주십시오.
이스라엘에 평화가 깃들기를!

_ 125:4-5

여기에서 '평화'로 번역된 히브리어는 '샬롬'입니다. 샬롬은 '어디 하나 이지러진 것이 없이 온전한 상태'라고 표현해볼 수 있습니다. 단순히 정신적인 평화만이 아니라, 건강이나 경제적인 문제 모두를 포괄합니다. 사실 사람의 평화가 그저 내면의 평화만으로 이루어지지는 않을 것입니다. 성경 곳곳에서 서로를 안심시키며 축복하는 인사를 나눌 때 "평화가 당신에게 있기를"이라고 인사합니다(예, 삿 6:23; 왕하 4:26; 시 122:7). "누군가의 안부를 묻다"라는 표현은 직역하면 "누군가의 평화를 묻다"입니다(예, 창 43:27). 상대를 향한 축복과도 같은 인사입니다. 그리고 하나님을 중심에 모신 이스라엘을 상징하는 것이 예루살렘이니, "예루살렘에 평화가 깃들기를"이라는 인사는 그렇게 하나님을 모시고 앞으로도 든든히 존재할 수 있기를 비는 축복이라 할 수 있습니다.

내가 주님을 기다린다.

내 영혼이 주님을 기다리며 내가 주님의 말씀만을 바란다.

내 영혼이 주님을 기다림이

파수꾼이 아침을 기다림보다 더 간절하다.

진실로 파수꾼이 아침을 기다림보다 더 간절하다.

_ 130:5-6

우상을 만든 자들과
우상을 의지하는 자들은
누구나
우상과 같이 될 것이다.

_ 135:18

고대의 문화는 정교한 솜씨를 동원해서 금과 은, 나무나 돌 같은 것으로 우상을 만들었습니다. 사람의 손으로 만든 것에 절도 하고 제물도 바치면서 평안과 안전을 빌었습니다. 특히 고대 제국의 임금들은 엄청난 규모의 조각상을 세우고 제국을 지키는 신이라 여겼습니다. 사람이 자그마하게 만든 조각상이나, 제국의 부를 투입해 굉장한 크기로 만든 신상이나, 본질은 사람의 손으로 만든 무엇인가에 기대 자신의 욕망을 이루어보려는 것입니다. 그 점에서 우상의 본질은 욕망 추구라고 할 수 있습니다. 오늘날에는 손으로 무엇을 만들어 숭배하지는 않지만, 강대국과의 화친만이 살 길이라 여기는 것이나 큰 부와 권력을 지닌 사람에게 굽실거리는 것은 실상 사람의 손으로 만든 것에 절하며 욕망을 추구하는 것과 다름없습니다.

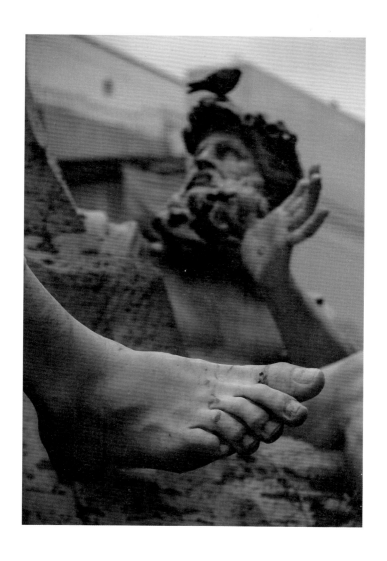

235

우리가 낮아졌을 때에,

우리를 기억하여주신 분께 감사하여라.

그 인자하심이 영원하다.

우리를 우리의 원수들에게서 건져주신 분께 감사하여라.

그 인자하심이 영원하다.

_ 136:23-24

237

내가 혀를 놀려 아무 말 하지 않아도 주님께서는
내가 하려는 말을 이미 다 알고 계십니다.
주님께서 나의 앞뒤를 두루 감싸주시고,
내게 주님의 손을 얹어주셨습니다.
이 깨달음이 내게는 너무 놀랍고 너무 높아서,
내가 감히 측량할 수조차 없습니다.

_ 139:4-6

하나님께서는 우리의 모든 사정을 아십니다. 그렇기에 무엇이라 사정을 이야기하고 도움을 청했기 때문에 하나님께서 아시고 들어주시는 것이 아닙니다. 가까운 사람에게 괴로움을 나눌 때 상대가 내게 어떤 해결책을 제시해줄 것을 기대하기보다, 그저 내 말을 들어주고 끄덕여주길 원하는 경우가 많지 않습니까? 이처럼 주 하나님은 그저 전능자가 아니라, 사람을 아시고 사람의 마음을 이해하시는 분이십니다. 그래서 시편 기자는 자신의 마음을 아뢰고, 때로 불평도 하고, 때로 한숨도 내쉬며, 크게 찬송을 부르기도 합니다. 시편 기자는 전능한 능력을 가지고 사람을 제멋대로 좌우하는 무시무시한 신이 아니라, 변치 않는 사랑으로 사람과 함께하시는 하나님 앞에 서 있습니다.

하나님,

나를 샅샅이 살펴보시고,

내 마음을 알아주십시오.

나를 철저히 시험해보시고,

내가 걱정하는 바를 알아주십시오.

내가 나쁜 길을 가지나 않는지 나를 살펴보시고,

영원한 길로 나를 인도하여주십시오.

 _ 139:23-24

241

내 마음이 악한 일에 기울어지지 않게 해주십시오.
악한 일을 하는 자들과 어울려서,
악한 일을 하지 않게 도와주십시오.
그들의 진수성찬을 먹지 않게 해주십시오.
의인이 사랑의 매로 나를 쳐서, 나를 꾸짖게 해주시고
악인들에게 대접을 받는 일이 없게 해주십시오.

_ 141:4-5

당연히 우리 스스로 결단하고 선택해서 악을 반대해야 합니다. 그런데 기도는 주님께 우리 마음을 토로하는 것이며, 주님과의 대화이기도 합니다. 우리가 기도한다고 해서 하나님께서 우리 기도대로 다 행하지는 않으십니다. 만일 그렇게 다 행하신다면 세상은 온갖 이기적이고 탐욕스러운 일로 가득 차고 말 것입니다. 하나님께 마음을 열고 기도하면서 우리는 자신의 모습도 돌아보고, 악을 고발하며 기도할 때 악에게 맞설 힘과 의지가 샘솟기도 합니다. 그렇게 기도하며 우리 힘으로 악에게 맞섰을 때, 우리는 훗날 하나님께서 우리를 도우셨다 고백하게 됩니다. 이런 경험을 통해 우리는 다음번에 또다시 악과 싸우거나 맞서야 할 때 하나님을 신뢰하며 더욱 용기를 낼 수 있습니다. 그래서 기도는 평범하거나 못난 사람이 끝까지 선을 결정하고 악을 반대할 수 있도록 힘을 줍니다.

내 영혼이 연약할 때에 주님은 내 갈 길을 아십니다.
사람들은 나를 잡으려고 내가 가는 길에 덫을 놓았습니다.
아무리 둘러보아도 나를 도울 사람이 없고,
내가 피할 곳이 없고,
나를 지켜줄 사람이 없습니다.

_ 142:3-4

시편집 4권이 말하는 주제가 "주 하나님께서 다스리신다"였고, 그에 이은 시편집 5권의 주제는 당연히 '찬양'입니다. 하나님께서 나와 세상을 다스리신다는 것을 알고 믿으며, 그래서 그 은혜를 기억하면서 감사하고 찬양하며 산다지만, 그러한 삶에도 여전히 괴로움과 고생, 눈물과 슬픔이 있습니다. 전체 주제를 '찬양'이라 볼 수 있는 시편집 5권에도 그런 슬픔과 괴로움, 그 속에서 부르짖는 기도를 표현한 시들이 있는데, 5권의 거의 마지막 부분인 139-143편에 몰려 있습니다. 이 시들에 적힌 '다윗'은 꼭 저자라기보다는 다윗으로 대표되는 신앙인, 하나님을 찬양하지만 여전히 고생하며 기도하는 가난한 신앙인을 가리키는 말로 이해하는 것이 좋습니다.

주님, 내 기도를 들어주십시오.
애원하는 내 소리에 귀를 기울여주십시오.
주님의 진실하심과 주님의 의로우심으로
나에게 대답해주십시오.
살아 있는 어느 누구도 주님 앞에서는 의롭지 못하니,
주님의 종을 심판하지 말아 주십시오.

_ 143:1-2

여기서 '종'은 주인에 의해 그 생사화복이 결정되는 존재를 가리킵니다. 시인이 자신을 주님의 종이라 표현하는 것은 곤고하고 힘거운 삶에서 오직 주 하나님 한 분밖에는 아무도 의지할 데가 없기 때문입니다. 오직 하나님의 도우심만을 구하는 이가 주님의 종으로 자신을 표현한다는 점에서, 이러한 표현은 결코 목사와 같은 교역자에게 국한될 수 없습니다. 이제까지 보았던 것처럼, 시편 기자는 가난하고 궁핍한 사람이며 힘도 권세도 없기에 하나님만을 구합니다. 주님만이 그 편이 되시고 보호해주십니다. 그렇기에 '주님의 종'은 목사가 아니라 가난한 자, 약자, 괴롭고 슬픈 자를 가리킵니다.

내가 주님을 바라보며,
내 두 손을 펴 들고 기도합니다.
메마른 땅처럼 목마른 내 영혼이
주님을 그리워합니다. (셀라)

_ 143:6

주님께서 하신 일을 우리가 대대로 칭송하고,
주님의 위대한 행적을 세세에 선포하렵니다.
주님의 찬란하고 영광스러운 위엄과
주님의 놀라운 기적을,
내가 가슴 깊이 새기렵니다.

_ 145:4-5

시편집 5권 마지막 부분인 139-143편은 삶의 괴로움과 힘겨움을 고백
하는 시들입니다. 144편은 임금이 부르는 노래로, 하나님께서 그 나라
를 보호하고 지키실 것을 노래합니다. 이제 145편이 노래하는 것은 '주
님의 나라'입니다(11-13절). 144편과 나란히 놓인 145편을 볼 때, 시편이
말하는 좋은 나라는 좋은 임금이 다스리는 나라가 아니라, 주님께서 진
정으로 우리의 임금이 되시는 나라라는 것을 알 수 있습니다. 시편집 4
권(90-106편)은 "하나님께서 다스리신다"를 선포했고, 5권집을 마무리
하는 145편 역시 하나님께서 다스리시는 나라를 선포합니다. 그 나라는
넘어지는 사람을 붙들어주고, 짓눌린 사람을 일으켜 세우는 나라입니다
(14절). 이제 146편부터 마지막 150편에는 논리적으로 당연하게 "할렐
루야", 즉 "주님을 찬양하라"는 외침이 가득합니다.

주님이 하시는 그 모든 일은 의롭다.

주님은 모든 일을 사랑으로 하신다.

주님은, 주님을 부르는 모든 사람에게 가까이 계시고,

진심으로 부르는 모든 사람에게 가까이 계신다.

_ 145:17-18

주님은 힘센 준마를 좋아하지 않으시고,
빨리 달리는 힘센 다리를 가진 사람도 반기지 아니하신다.
주님은 오직 당신을 경외하는 사람과
당신의 한결같은 사랑을 기다리는 사람을 좋아하신다.

_ 147:10-11

너희가 주님의 명을 따라서 창조되었으니,
너희는 그 이름을 찬양하여라.
너희가 앉을 영원한 자리를 정하여주시고,
지켜야 할 법칙을 주셨다.

_ 148:5-6

이제 시편은 막바지에 이르렀습니다. 145편이 하나님께서 다스리시는 나라를 노래했고, 이제 146-150편은 할렐루야로 시작해서 할렐루야로 끝납니다. 이러한 흐름에서 148편은 모든 피조물을 향해 하나님을 찬양하라 명하고, 149편은 하나님의 백성을 향해 하나님을 찬양하라 선포합니다. 이 세상이 모두 주님의 명을 따라 창조되었다는 것을 시편과 구약성경은 확고하게 고백합니다. 고대의 사람들은 하늘과 땅, 태양을 숭배하거나 대단한 임금을 신처럼 떠받들곤 했지만, 148편 같은 시는 하늘에서 땅, 즉 하늘의 모든 천사에서부터 바다의 괴물, 땅의 모든 임금에 이르기까지, 오직 찬양받으실 분은 하나님 한 분이심을 선포합니다.

오직 하나님만 의지하며 걸어갔던
선배 신앙인들의 노래,
그리고 오늘 우리의 노래

고백하고 붙잡고 노래하고

사람의 손으로 기록되고 전달돼온 것이 분명한 신구약성경은 기독교 신앙을 가진 이들에게 그저 오래된 책이 아니라 하나님의 말씀입니다. 그렇다고 해서 성경 안에 하나님께서 친히 말씀하신 내용만 있는 것도 아닌데, 긴 세월 신앙인들은 그와 같이 고백하고 그 말씀을 붙잡고 살았습니다.

특히 시편은 신구약성경에서 가장 많은 분량을 차지하는 책입니다. 그러나 하나님께서 친히 하신 말씀은 거의 찾아볼 수 없고, 대부분 하나님을 의지하고 신뢰하며 살아간 이들의 부르짖음과 신음, 고백, 찬양이라는 점에서 단연 성경의 다른 책들과 구분됩니다. 사람의 기도이자 찬양으로 이루어진 이 책이 결국 이후의 신앙 공동체 안에서 하나님의 말씀으로 고백된다는 사실은 하나님 말씀이 어떤 신비스러운 과정을 통해서만 전달되는 것이 아니라, 우리와 비슷한 평범한 사람의 삶과 경험에서 비롯된 말로도 드러난다는 것을 알려줍니다. 그래서 시편을 읽노라면, 우리 시대를 살아가는 이들의 신음 소리를 가벼이 여기지 말아야 한다는 점도 깨닫게 됩니다.

흔히 구약은 예수 그리스도 이전 시기를 나타내며, 오늘날은 예수 그리스도를 믿는 믿음으로 대표되는 신약의 시대라고 말합니다. 하지만 이와 같은 말이 틀렸다는 것을 단적으로 보여주는 증거가 바로 시편입니다. 시편에 실린 내용을 고백하고 노래한 이들은 예수 그리스도를 전혀 알 수 없었던 고대의 신앙인들이며, 그들의 고백에는 예수 그리스도에 대한 내용이 전혀 나타나지 않습니다. 그러나 이들의 고백과 찬양은 그들 시대로부터 수천 년도 더 지난 오늘에까지 여전히 널리 불리고 고백됩니다.

나아가 놀랍게도 예수 그리스도에 대해 전혀 언급하지 않은 시편을 두고 예수님께서는 '나를 두고 기록한 모든 일'(눅 24:44)이 있음을 가르치셨습니다. 이로 보건대, 예수 그리스도라는 존재가 전혀 등장하지 않아도 시편이 증언하고 고백하는 내용이 예수 그리스도를 가리킬 수 있음을 알 수 있습니다. 그래서 시편은 구약성경에 속한 책이지만, 구약과 신약 시대, 그리고 오늘에 이르기까지 기독교 신앙의 생생한 측면을 보여줍니다. 시편은 그 자체로 구약성경과 신약성경이 하나의 책이요, 같은 것을 말하는 책이라는 사실을 증언합니다.

특정 목적에 맞게 지어져
예배 의식에 사용된 노래

시편집에 실린 시들은 초기 가나안 정착 시기에 유래한 것으로 여겨지는 작품이 있는가 하면, 바벨론 포로기와 그 이후에 생겨난 것도 있습니다. 이 책이 지금과 같은 형태로 완성된 것은 바벨론 포로에서 돌아오고 두 번째 성전이 지어진 이후, 아마도 기원전 4세기에서 2세기 무렵일 것으로 여겨집니다. '셀라'나 '마스길', '인도자를 따라'처럼 시편에 쓰인 여러 특이한 용어들을 고려할 때, 시편은 근본적으로 고대 이스라엘의 예배 의식에 사용된 것이라 볼 수 있습니다.

그러다 보니 시편에 실린 시들은 특정한 목적에 걸맞도록 일정한 틀을 지니고 있습니다. 시편 연구자들은 이러한 틀을 '양식'이라 불렀는데, 탄식시와 감사시, 찬양시가 그러한 양식 가운데 가장 대표적입니다.

삶의 곤고함과 고통 속에서 하나님께 도움을 청하며 자신의 형편을 토로하는 양식으로 탄식시라는 틀이 활용되었고, 고통 속에서 하나님의 건지심을 경험한 이들은 감사시 양식으로 그 기쁨과 구원을 노래했습니다. 개인의 구원 경험은 온 땅과 세상 전체에 임하시는 하나님에 대한 찬양으로 확장되는데, 이처럼 일반적이고 보편적인 영역에서 하나님의 행하심을 노래하기 위해 사용된 양식이 찬양시입니다.

시편의 시들을 이러한 양식으로 구분할 수 있다는 것은 이 시들이 언제 누구에 의해 지어졌는지와 별개로, 오랜 세월 예배 안에 사용되면서 양식에 맞도록 다듬어지고 편집되었음을 보여줍니다.

탄식에서 찬양으로

양식과 더불어 시편을 읽을 때 특별히 고려할 점은 시편의 배열 순서입니다. 시편집은 모두 다섯 권으로 편집, 배열되었는데(1-41편, 42-72편, 73-89편, 90-106편, 107-150편), 대체로 1-3권에는 탄식시가 모여 있고, 마지막 5권으로 가면 "할렐루야"라는 시편에만 나오는 명령으로 구별되는 찬양시가 모여 있습니다. 그런 점에서 시편 전체는 '탄식에서 찬양으로'라는 큰 흐름을 따라 편집 배열되었음을 알 수 있습니다.

이러한 전체 흐름에서 가장 첫머리에 놓인 1편과 2편 역시 의도적으로 배열되었으리라 짐작할 수 있습니다. 1편은 율법을 묵상하는 삶이야말로 복된 삶임을 증언하고, 2편은 하나님께서 세우실 '기름 부은 자', 즉 메시아인 왕을 노래합니다. 그래서 지금과 같은 시편집은 매일 율법을 묵상하며 이제 임할 메시아의 나라, 즉 하나님의 나라를 기다리며 살아가는 이들의 노래로 편집되었다고 말할 수 있습니다.

시편을 읽고 노래한다는 것은 수천 년 동안 이 시를 노래하고 묵상하며 살아갔던 수많은 신앙인들과 함께 걸어가는 것입니다. 그들이 부르짖은 신음은 사실 그들의 소리를 들으시는 하나님을 향한 것이라는 점에서, 본질적으로 하나님께 대한 찬양이라 할 수 있습니다.

하나님을 노래하며 '죽음의 그늘 골짜기'(시 23:4)를 걸어갔던 선배 신앙인들의 발자취, 그 오래된 길이 이제 우리 앞에 있습니다.

Bible in Hand | 교양인을 위한 성경

Bible in Hand | 교양인을 위한 성경 시리즈는 성경 원문의 뜻을 우리말 어법에 맞게 정확하게 번역한 〈성경전서 새번역〉 본문과 해제로 구성되어 있다. 성경을 읽으면서 생기는 질문에 답을 주는 질문과 해제 부분의 경우, 구약은 김근주 교수(기독연구원 느헤미야), 신약은 권연경 교수(숭실대 기독교학과)가 성경을 읽어가는 재미와 정보의 길안내를 맡았다.

구약

세상의 모든 처음
창세기 | 248p | 11,000원

**영광의 탈출,
새로운 삶을 향하여**
출애굽기 | 212p | 11,000원

지혜와 삶과 사랑
잠언·전도서·아가 | 192p | 8,500원

선택, 어느 편에 설 것인가?
여호수아기·사사기·룻기 | 278p
| 15,000원

어둠을 딛고 빛을 읽다
이사야서 | 278p | 15,000원

마음의 끝에서 부르는 새 노래
시편 | 358p | 19,000원

- ● **봄이다 프로젝트 페이스북** https://www.facebook.com/ltispring
- ● **봄이다 프로젝트 블로그** https://blog.naver.com/hoon_bom
- ● **봄이다 프로젝트 온라인 스토어** http://pf.kakao.com/_HMPBK
- ● **문의** hoon_bom@naver.com

신약

**성취된 약속,
왕으로 온 메시아**
마태복음서 | 188p | 10,000원

**너희는
나를 누구라고 하느냐?**
마가복음서 | 128p | 7,000원

행진, 담대하게 거침없이
사도행전 | 176p | 8,500원

독자 리뷰

- ● 해제 읽는 재미에 나도 모르게 후딱 통독해버린 희한한 성경책. 질문이 한 페이지에 하나씩 나오는데 좋다. _ 김○정 님
- ● 성경을 혼자 읽는 훈련을 하시는 분들에게 추천한다. 혼자 읽다가 생길 만한 질문에 성경 이해를 위한 가이드가 친절한 책 _ 정○경 님
- ● 성경 말씀과 함께 보고 있는데 정말 유익하다. 모르고 지나갔던 부분, 어려웠던 부분을 속시원하게 긁어주었다! _ 허○난 님
- ● 성경의 무지를 깨트려주고, 성경의 깊이를 깨우쳐주는 교양인을 위한 성경 시리즈. 지금의 시대에 그 어느 누구에게나 필요한 주님의 말씀이다!! _ 조○규 님
- ● 누구나 부담 없이 볼 수 있고, 산이나 바다에서 어디서나 읽을 수 있는 성경! 너무 좋다! _ 진○경 님
- ● 독자가 읽기 좋게 구성되어 있다. 그리고 유익한 질문과 친절한 설명이 함께 수록되어 있다. 참 시기적절한 책이다. 이 시리즈는 독자의 관점에서 노력한 흔적들이 고스란히 담겨 있다. _ 김○섭 님

Bible in Hand | 교양인을 위한 성경 시리즈는 구약 17권, 신약 8권으로 2021년 완간 예정이다.

손바닥 메시지 _ 시편

한 날의 탄식, 천 년의 기도

messenger 김근주
photographer 헝그리아이

1쇄 2021년 2월 22일
펴낸이 최종훈
펴낸곳 봄이다 프로젝트
등록 2017-000003
주소 경기도 양평군 서종면 황순원로 414-58 (우편번호 12504)
전화 010.4112.3006
이메일 hoon_bom@naver.com
디자인 designGo
인쇄 SP

ISBN 979-11-971383-3-1
값 18,000원